沈阳师范大学法学学术文库
SHENYANGSHIFANDAXUE FAXUE XUESHU WENKU

中国语境下司法仪式研究

佟金玲◆著

中国社会科学出版社

图书在版编目(CIP)数据

中国语境下司法仪式研究/佟金玲著. —北京：中国社会科学出版社，2013.8
ISBN 978-7-5161-1663-0

Ⅰ.①中… Ⅱ.①佟… Ⅲ.①司法—仪式—研究—中国 Ⅳ.①D926.1

中国版本图书馆 CIP 数据核字(2012)第 251537 号

出 版 人	赵剑英
责任编辑	蔺　虹
责任校对	韩海超
责任印制	戴　宽

出　　版	中国社会科学出版社
社　　址	北京鼓楼西大街甲 158 号(邮编 100720)
网　　址	http://www.csspw.cn
	中文域名：中国社科网　010-64070619
发 行 部	010-84083685
门 市 部	010-84029450
经　　销	新华书店及其他书店

印刷装订	三河市君旺印刷厂
版　　次	2013 年 8 月第 1 版
印　　次	2013 年 8 月第 1 次印刷

开　　本	880×1230　1/32
印　　张	6.875
插　　页	2
字　　数	203 千字
定　　价	38.00 元

凡购买中国社会科学出版社图书，如有质量问题请与本社联系调换
电话：010-64009791
版权所有　侵权必究

总　序

以前，我对沈阳师范大学知之甚少，实属孤陋寡闻。自从沈阳师范大学法学院的单晓华教授加盟法学所博士后流动站后，我作为她的合作导师，才开始逐步了解、关注这所具有悠久历史的学府。在沈师大校庆60周年到来之际，沈阳师范大学法学院隆重推出"沈阳师范大学法学学术文库"，法学院领导希望我能为之作序，虽明知难当此任，但却之不恭，不如从命。

早在新中国成立之初，根据中共中央七届三中全会的部署，国家对当时的教育和科学文化事业进行了调整和改造，即调整一批老式高等院校，建立一批新式社会主义高等院校，东北教育学院——沈阳师范大学的前身就在这样的历史背景下成立了。

沈阳师范大学法学院也经过近二十年的发展与变革，取得了丰硕的成果和骄人的业绩。1996年4月，经国务院学位委员会批准，法律系取得了民商法学硕士学位授予权，成为当时全国高等师范院校中第三个法学硕士学位点。2007年4月民商法专业被辽宁省委宣传部批准为省哲学社会科学重点建设学科，2008年3月民商法专业被辽宁省教育厅批准为省重点培育学科，2009年3月民商法专业被辽宁省教育厅批准为省优势特色重点学科，尔后又分别取得法学理论、诉讼法学硕士学位授予权。2007年5月又获得法律硕士专业学位授予权。经过沈阳师范大学法律人的不懈努力，学科建设取得一定成绩并初具规模，积累了大批优秀的科研成果，形成了自己的特色和优势。

在沈阳师范大学法学院的教师队伍中，活跃着一批学历高且富有朝气的年轻学者，他们颇具法学素养，潜心学术研究；他们热爱三尺讲台，勤勉教书育人；他们关注国计民生，重视法治实践；他们开阔国际视野，借鉴他山之石。沈阳师范大学法学院的广大教师在平时的教学耕耘与学术研究中收获了累累硕果。在此基础上，他们决定编辑出版"沈阳师范大学法学学术文库"系列丛书，这既是对沈阳师范大学60华诞的一份厚礼，也是对这所辽宁法律教育与学术研究的重镇所取得成就的一次检阅。我希望这套法学文库能够成为后来者在法学研究和法律教育的道路上继续攀登的阶梯，更希望通过这些文章，能够向热爱法学、崇尚中国法律研究的读者展示沈阳师范大学的治学精神与科研传统。

《中庸》论道："博学之、审问之、慎思之、明辨之、笃行之"，阐释了学术研究探索真理的精神以及达到知行合一境界的必由之路。从对世界历史进程的审视与洞察来看，社会发展、科学昌明、思想进步、制度革新，从来都离不开法学研究的力量与成就的滋养与推动。

一所优秀的综合性大学是国家与社会发展中一种不可或缺的重要力量，而法学研究的水平则体现了中国社会主义法治的发展程度和综合实力，是社会进步、法制文明的重要标志。因此，一所大学的学术氛围，不仅在很大程度上影响和引导着学校的教学与科研，而且渗透和浸润着这所大学追求真理的精神信念。正如英国教育思想家纽曼所言，大学是一切知识和科学、事实和原理、探索与发现、实验与思索的高级力量，它的态度自由中立，传授普遍知识，描绘理智疆域，但绝不屈服于任何一方。

　　大学的使命应是人才培养、科学研究和服务社会；高等教育发展的核心是学术和人才。因此，大学应成为理论创新、知识创新和科技创新的重要基地，在国家创新体系中具有十分重要的地位和意义。沈阳师范大学法学院是一所正在迅速兴起的学院，其注重内涵建设和综合协调发展，法学院贯彻"强管理、重服务、育队伍、出精品"的工作理念，通过强化科研管理，建立、健全科研制度、凝练科研队伍、打造科研精品、营造科研氛围，使教师们的科研积极性空前高涨，取得了丰厚的科研成果。近五年来，法学院教师出版专著53部，发表论文180多篇，科研立项60余项，科研获奖60余项。法学院秉承"博学厚德　求是笃行"的院训，以培养适应社会主义市场经济和法治建设需要的应用型、复合型法律人才为目标，以本科教学为中心，以学科建设与队伍建设为重点，大力发展研究生教育，努力建成专业特色显著，国内知名、省内一流的法学教育研究与法律实务相结合的法学院。

　　这套文库的出版，将有助于提升法学科学的学术品质和专业素质。法学教育是高等教育的重要组成部分，是建设社会主义法治国家、构建社会主义和谐社会的重要基础，并居于先导性的战略地位。在我国社会转型时期，法学教育不仅要为建设高素质的法律职业共同体服务，且要面向全社会培养大批治理国家、管理社会、发展经济的高层次法律人才。沈阳师范大学法学教育适应侧重培养懂法律、懂经济、懂管理、懂外语的高层次复合型、应用型人才的目标定位，在培养具有复合知识结构的本科生、研究生方面形成了鲜明的法律实务特色。法科学生在重点学好法学核心课程和教学计划的其他课程外，适当广泛涉猎、阅读学术专著，对巩固、深化课堂知识是十分必要的。在教材之外，出版一批理论精深、博采众长、体察实践、观点新颖的专著，可以有效满足学生解惑之需。本文库诸部著作，围绕诸多法学领域及法治实践中的重大疑难问题，对我国相关法律制度加以细致的探讨与阐述。这将有助于拓展法科学生的视野，为他们思考、研究问题以及应用法律提供新的方法和视角，进而登堂入室、一窥门径。

这套文库，在选题和策划上，偏重法学领域中实践意义重大且学界较少探讨的具体问题；在内容上，较为侧重对具体问题的深入分析和制度的合理构建。这固然与沈阳师范大学法学院以理论法学为基础，以诉讼法学为特色，以民商法为支撑，集中发展新兴二级学科的学科发展战略有关，也是对法学研究方向思考的智慧结晶。从宏观角度而言，目前我国的法学学科框架已经基本成熟，法学界对法学各学科的体系、基本原则和基本理论已难觅较大争议。因此，沈阳师范大学法律人能应法律实践的需求和法治完善的需要，对前人较少涉及的一些具体法律制度及其微观层面展开深入细致的研究，揭示其所依存的理论基础，提供富有可操作性的制度设计，以此推动法学研究与法学教育的进步，并推动我国法制臻于完善，这无疑是一种值得嘉许的学术视角和探索尝试。

是为序。

陈泽宪

2010 年秋谨识于北京景山东隅

目 录

前言 …………………………………………………………（1）
第一章　司法与司法权 ……………………………………（7）
　第一节　司法与司法权的历史嬗变 ……………………（7）
　第二节　司法和司法权的概念 …………………………（10）
　　一　广义说 ………………………………………………（10）
　　二　折中说 ………………………………………………（11）
　　三　狭义说 ………………………………………………（12）
　第三节　司法权的特征 …………………………………（14）
　　一　中立性 ………………………………………………（14）
　　二　独立性 ………………………………………………（15）
　　三　被动性 ………………………………………………（16）
　　四　参与性 ………………………………………………（17）
　　五　终局性 ………………………………………………（18）
　第四节　司法权的功能 …………………………………（19）
　　一　纠纷解决 ……………………………………………（19）
　　二　制衡权力 ……………………………………………（21）
　　三　保障权利 ……………………………………………（23）

第二章　仪式的基础理论 ……………………………（27）
第一节　仪式的界说 …………………………………（28）
　　一　仪式的本质：社会行为 ……………………………（28）
　　二　仪式的概念：从涂尔干到特纳 ……………………（30）
第二节　仪式的特征和功能 …………………………（35）
　　一　仪式的特征 …………………………………………（35）
　　二　仪式的功能 …………………………………………（38）
第三节　仪式的象征意义 ……………………………（41）
　　一　象征的概念 …………………………………………（42）
　　二　仪式的象征体系 ……………………………………（44）

第三章　司法仪式的理论界说 …………………………（53）
第一节　当代中国司法仪式研究的逻辑必然 ………（53）
　　一　法治形式合理性的必然要求 ………………………（53）
　　二　有益于法律职业共同体的形成 ……………………（54）
　　三　国际化背景的要求 …………………………………（56）
第二节　司法仪式之解读 ……………………………（57）
　　一　问题和立场 …………………………………………（57）
　　二　司法仪式的界定 ……………………………………（61）
　　三　司法仪式的特征 ……………………………………（64）

第四章　司法仪式的结构 ………………………………（71）
第一节　司法仪式的构成要素 ………………………（72）
　　一　司法仪式中的服装、配饰 …………………………（73）
　　二　司法仪式中的器物 …………………………………（78）

####　三　司法仪式中的布局 …………………………………… (82)
####　四　司法仪式中的行为 …………………………………… (87)
####　五　司法仪式中的法言 …………………………………… (92)
第二节　司法仪式的象征意义 ………………………………… (96)
####　一　展现法律权威的注释意义 …………………………… (97)
####　二　表征司法权力关系的操作意义 ……………………… (98)
####　三　维护司法"剧场化"的方位意义 ……………………… (100)
第三节　司法仪式的功能 ……………………………………… (103)
####　一　情感的沟通功能 ……………………………………… (104)
####　二　社会的整合功能 ……………………………………… (106)
####　三　规训、惩罚、教育功能 ……………………………… (110)
####　四　文化的传播功能 ……………………………………… (112)

第五章　当代中国司法仪式的一般状况 …………………………… (116)
第一节　中国司法仪式运行的现状 …………………………… (117)
####　一　司法仪式的过程：个案描述 ………………………… (117)
####　二　中国司法仪式的一般状况 …………………………… (120)
第二节　中国司法仪式弊端的成因分析 ……………………… (129)
####　一　中国司法仪式弊端的体制性成因 …………………… (129)
####　二　中国司法仪式弊端的法文化成因 …………………… (140)

第六章　中国当代司法仪式之改革 ………………………………… (149)
第一节　中国司法仪式改革的路径 …………………………… (151)
####　一　问题的提出：由司法改革路径之争引发 …………… (151)
####　二　中国司法仪式的建构路径：从司法职业化出发 …… (155)

第二节 司法权的外化:法庭审判的"剧场化" …………(161)
  一 正义的"行头":法官服制改革 …………………(164)
  二 法庭布局重构:以被告席设置为中心 …………(169)
  三 营造庄严、神圣的庭审秩序 ……………………(173)
第三节 中国法院文化体系的构建 ……………………(175)
  一 问题的提出 ………………………………………(175)
  二 中国法院文化的具体建构 ………………………(176)
第四节 中国法律信仰的构建 …………………………(180)
  一 司法仪式与法律信仰 ……………………………(181)
  二 法律信仰在中国的缺失 …………………………(183)
  三 法治视角下法律信仰的构建 ……………………(185)

结语 ……………………………………………………(194)

参考文献 ………………………………………………(197)

前　言

"一个社会，当它不仅被设计得旨在推进它的成员的利益，而且也有效地受着一种公开的正义管理时，它就是组织良好的社会。"① 公民权利受有效、公开、公正国家权力制约，不仅如此，公民权利还应得到国家的确认与保护，所以法治的社会治理模式无疑成为其追求的目标。法治社会是组织良好的社会运行机制，它能够给予公民权利最大化的保障。亚里士多德作为法治的经典论述者指出法治的两重意义：已制定的法律获得普遍的服从，而大家所服从的法律本身是制定得良好的法律。人们对制定的法律如何产生服从的心理状态呢？这一方面要求外部，即法律必须是制定得"良好的法律"；另一方面要求内在，即公民具有守法的精神，用法律指导其行为。上述内外相互融合的标准，正是法治成为社会治理模式的要求。中国现阶段法律的制定已经初具规模，但法律内化为公民的守法精神却成为难题。社会体系的内在

---

① ［美］约翰·罗尔斯：《正义论》，何怀宏等译，中国社会科学出版社1988年版，第5页。

的价值是现代司法最核心的内涵，而司法的终极目标是追求正义。同样，在法律的规则体系中，法律的最高价值和终极目标是公平正义，这就必须涉及程序问题，即程序正义。在每一次具体诉讼程序的运作过程中，"公正"最直接表现为司法的正义、程序的正义。形式上，诉讼程序是审判的过程，是公正和效益的负载物，法律直接地表现为具体诉讼程序的运行。同时，人们对法律的正义和权威等价值的感知和体验也是从能看得见的程序中开始的。

可以说，在司法运行过程中，仪式意义就在于此。通过一些可以被人们直接感知的生动仪式，使其具有人性化的感知色彩。仪式能够使参与者感受到法庭的肃穆、庄严、神圣，与人日常生活空间的巨大差异。人跨过司法仪式的"门槛"，他就已不再属于世俗世界。在司法仪式中，不仅仅肯定人们有益于社会的价值信念，而且能唤起人们将法律看做是生活终极意义的信仰情感。正义等价值凭借在司法仪式中的种种象征符号得以实现，在这过程中，透过符号象征意义表达抽象的法治精神和理念，内化为人们共同的情感，逐渐演化为日常行为模式。因此，仪式化的程序使理性得以形象化，同时也在理性之外为法律注入了另一种生命。

国外有关司法仪式的研究更多地采用社会学和人类学的分析方法，集中在对仪式结构的内在要素，如审判仪式中的假发、服饰、道具等。以有益于司法技术运作或司法制度构建为视角，缺乏系统性的理论分析。国内学者对司法仪式的研究主要在探讨法治建设过程中展开。最初学者们并不严格区分法律仪式与司法仪式，甚至混同使用。更进一步的研究是以司法为中心来观察、分析和思考我国法律实践的仪式，将其视为法治精神和原则的内在体现。还有学者从法律信仰和法文化的角度去构建司法仪式。最近学者们逐渐意识到只局限于法治改革的角度研究司法仪式可能具有局限性，并开始多维视角阐释司法仪式。

上述研究的视角虽然较为广泛，但是忽视了司法仪式构建的基础，仅停留在提出相关制度建构的设想上，同时，对司法仪式的构成没有给予足够的关注，使研究无法对司法仪式的多层次性和复杂性作深入的探讨。由此，有必要采取一系列可行的研究，从人类学的仪式理论出发，以司法权的运作为依托，探讨司法仪式的结构和功能，并结合中国现有司法仪式运行现状，揭示其构成符号的象征意义之所以不能与法治精神意蕴相契合的原因，并努力从制度、文化和心理角度来构建司法仪式，使其成为认同的体系。

在中国庭审的过程中，司法工作人员也开始遵照既有的规则来展演法律实践的仪式，这说明构成司法仪式的象征符号在法治建设中发挥了重要的作用，但是司法仪式的实际运行却存在着大众化、随意性、泛形式等问题，折射出更深层次的问题是中国司法仪式的象征意义和蕴涵的社会情感与真正的法治精神和观念契合的内在缺失。

本书从司法职业化出发改革司法仪式，整合司法仪式的象征符号，使达到"剧场化"的结构；在司法权运行的主体——法院，构建具有现代文化理念、平等、民主的法院氛围；培育公民对法律信仰的情感。从以上三个方面，对中国司法仪式进行改革，构建庄重、严肃、规范、统一的司法仪式，促进中国社会主义法治建设的顺利展开，以期能实现司法程序公正、独立，树立司法权威、司法公信力，防止腐败。

第一章以司法与司法权的历史演变为基础，论述了司法和司法权的概念、特征和功能，以期司法权的运作，能够确保公民权利和国家权力处于平等的地位，以此展开的对话、交涉。

第二章从梳理人类学和社会学的理论入手，论述仪式相关理论。仪式的本质应是社会行为，是社会生活的实践过程。将仪式界定为信仰认知模式的外向延伸，是发生在特定场合、时间、地点、按照既定的程序和方式、为特定群体进行的具有象征意义的活动。因而，仪式具有神圣性、戏剧性和程序性的特征，维持社会秩序的功能。仪式的内涵应当是一个动态的社会行为系统，它与象征紧密相连，并外化为具有象征意义的符号系统。

第三章论述了司法仪式的理论问题。司法仪式作为中国司法改革的课题之一，具有研究的必然性，在法治建设、法律职业共同体和国际化背景下的必要性。厘清国内外研究司法仪式的进路，以此说明研究的立场，以司法权的运作为依托，探讨司法仪式的内涵和特征，将其作为一个体系进行适时适度的分析。司法仪式通过其独特的象征意义向人们表达法治的价值和精神意蕴，因此，不难找到司法仪式所具有的戏剧性、象征性、隐喻性和神圣性的特征。

第四章仪式的象征模式和行为结构基础，参照象征符号的具体形式，将司法仪式的结构归纳为五个方面的要素。结合中西方法律制度历史和社会变迁，对司法仪式结构的五个方面要素的具体内容和蕴涵的象征意义进行阐述。进一步在行为—场域语境中，论述司法仪式整体的象征意义，即注释意义、操作意义、方位意义。

第五章中国社会转型时期，司法仪式的运行所面临的冲击和挑战，通过个案的分析，指出司法仪式存在大众化、随意性和形式化的问题。进一步，探究造成司法仪式存在上述弊端的司法体制性原因和法文化原因。审判委员会定案，使审理和裁决相分离；上下级法院之间关系的错位；法官的角色冲突等体制性原因。中国传统法律的伦理化，使现代法治精神的底蕴难以形成；"无讼"价值观念的遗留，使司法权的独立地位被忽略；程序理念的缺失，是导致司法程序随意性的法文化原因。

第六章这一部分，对司法仪式的理论和实践进行抽象、论述和归纳，对中国的司法仪式的建构作全新的研究。以司法职业化的改革路径为前提，坚持从司法权外化的角度将司法仪式的构成要素改革为剧场化的特征；在司法运行的主体——法院，构建民主、平等的法院文化体系；培育适合中国的法律信仰。以上建构司法仪式的改革是本书促进中国的法治进程所提供的思考和可能的路径选择。

司法是一种正义的符号，它是实用的，象征着一个国家法律上的正义，其价值的实现并不仅取决于法律的制定，更是由法律的实施和适用决定的。公民对抽象的法律的正义，最直接的感受是通过法庭审判和审理结果。司法仪式是在法庭封闭的场域内，依照既定的一系列规则和程序，将司法权型构出来的符号体系和行为状态展演的过程。作为仪式的一种特殊形式，可以说司法仪式是文化中的观念和意识形态，也是符号形式和行为形态。在特定的司法仪式中，法律的公平正义也有了表达的形式，其蕴涵的象征意义包括：法庭的空间布局以及庄严肃穆的法庭建筑的风格，象征化的法袍与法槌等法庭器物，法庭所有参与者肃穆的表情、语调和法律专业语言、行为,严格的法庭纪律规则等。司法仪式的运行让法律关系遵循"法律神圣不可侵犯"、"法律面前人人平等"等法治原则。如果说"通过程序实现正义"是实现司法公正的重要路径,那么"通过仪式彰显正义"应是现代司法改革和法律职业化的一条必由之路。从一定意义上讲,正是通过司法仪式的展演,正义这种极为抽象的价值得以实现。

人在达致完美状态的时候,是最优秀的动物,然而一旦撇开了法律和正义,他就是最恶劣的动物。——柏拉图

第一章 司法与司法权

仪式的形式绚烂多彩,而在司法中的仪式又包括哪些内容呢?这就需要首先讨论什么是司法,以界定仪式活动的范围。

第一节 司法与司法权的历史嬗变

对司法含义的探讨由来已久。在英文中,"justice"兼有"司法"和"正义"的双重含义。可见,司法同于正义,这是千百年来人类的理想。司法权是随历史不断演进的概念。司法权是作为一项国家权力产生的,因此司法权随着其国家权力体系中的职能而嬗变。因此,司法权的概念在不同的历史阶段,由于其不同的历史文化传统,对其认识和理解就有很大不同。所以要准确地界定司法权是什么,从来都不十分容易。

司法权是在国家权力分立的语境下明确提出的。最早对国

家权力的职能分工系统论述的是亚里士多德,他认为在国家权力分立的政体中,司法是由司法机关行使的对纠纷和冲突进行裁决的国家权力。可概括为:司法权是裁决权。其后在孟德斯鸠完备的分权理论中明确提出了立法权、行政权、司法权的分权制衡原则。在延续并丰富了亚里士多德对司法的理解之上,孟德斯鸠强调司法的权力应独立行使,"司法权不应给予永久性的元老院,而应由选择人民阶层中的人员,在每年一定的时间内,依照法律规定的方式来行使;由他们组成一个法院,它的存续期间要看需要而定。"[1] 其后,汉密尔顿在《联邦党人文集》中从政治学的视角将司法权界定为判断权。即"司法部门既无军权、又无财权,不能支配社会的力量与财富,不能采取任何主动的行动。故可正确断言:司法部门既无强制,又无意志,而只有判断而且为实施其判断所亦需借助于行政部门的力量"[2]。比较简洁地阐释司法的定义是在《布莱克维尔政治学百科全书》中司法的词条,司法是"法院或者法庭将法律规则适用于具体案件或争议"[3]。近代,日本的棚濑孝雄将司法理解为法院的裁判权,他认为"司法就是严格适用法律的理念,其实是对现实中的审判进行抽象,强调其某一侧面而得到的一种'规范—事实'性的综合命题,采取统一的方法对现实中审判的其他侧面进行抽象,使其上升到理念高度来构成新的明天也

---

[1] [法]孟德斯鸠:《论法的精神》(上),张雁深译,商务印书馆1993年版,第187页。
[2] [美]汉密尔顿等:《联邦党人文集》,程逢如等译,商务印书馆1980年版,第391页。
[3] [英]戴维·米勒、韦农·波格丹诺:《布莱克维尔政治学百科全书》,邓正来译,中国政法大学出版社2002年版,第6页。

完全可能。"① 显然，现代各国法律普遍遵循对司法作法院行使的审判权的活动的理解，将司法权视为裁判权。例如，美国宪法第 3 条第 1 款规定："合众国的司法权属于一个最高法院以及由国会随时下令设立的低级法院。"

"司法"一词在我国古代已有，"司法"最初是被用作官名，"如两汉郡之佐吏有决曹，贼曹掾，主管刑法。北齐称法曹参军。唐制，在府叫法曹参军。元废。"② 由此可见，在中国古代"司法"是掌管刑法的人。中国几千年的封建专制制度，司法与行政历来是不区分的，例如，我国清代州县是基层行政机关兼司法机关，作为司法官的"州县官不仅主持庭审和作出判决，还主持调查并且讯问和侦缉罪犯。用现代的眼光来看，他的职责包括法官、检察官、警察、验尸官的职责。这包括了最广义上与司法相关的一切事务。"③ 也就是说州县官既行使审判权也行使侦查权、检察权、执行权。这样自然就不存在分权的思想和制度，所以也就没有与立法权、行政权相对应的司法概念。近代意义的司法是引进西方的概念，在清末修律中，设置审判机关大理院和地方各级审判庭。《大清法规大全·宪政部》中有"立法、行政、司法则总揽与君上统治之大权"的规定。④ 司法权主要由法院行使。在中华人民共和国成立后，最开始是借鉴苏联的司法制度。

---

① ［日］棚濑孝雄：《纠纷的解决与审判制度》，王亚新译，中国政法大学出版社 2004 年版，第 254 页。
② 《词源》（修订本），商务印书馆 1979 年版，第 464 页。
③ 瞿同祖：《瞿同祖法学论著集》，中国政法大学出版社 2004 年版，第 452 页。
④ 鲁明健：《中国司法制度教程》（修订本），中国政法大学出版社 1996 年版，第 2 页。

第二节 司法和司法权的概念

在 20 世纪 50 年代，中国检察机构实行检审分立，由审判机关和检察机关分别行使职权，形成了互相独立、制约的机制。但对于何谓"司法"，我国学界却仍是莫衷一是，众说纷纭。司法与司法权是紧密相关的概念，纵观对司法、司法权内涵、范围的总结，笔者认为，司法和司法权概念具有代表性的观点有以下三种。

一 广义说

与立法权逻辑上相对应的是执法权，国家行政机关和司法机关的执法活动都应包括其中。因此，司法机关适用法律，即法院的审判活动和检察机关的检察活动与立法活动并不是在同一逻辑层面。洛克在《政府论》中主张分权理论就是以此为逻辑起点的，他将国家权力分为立法权、执行权和对外权。执行权包括在社会内部对其一切成员执行社会的国内法，而对外权是指对外处理有关公共的安全和利益的事项，这两种权力几乎总是联合在一起的。[1]

从广义上说，司法处于"国家与社会之间的中立地带，以法官裁判为核心环节，联动国家权力与社会权利的良性运转"。[2]

---

[1] [英] 洛克：《政府论》（下），叶启芳、瞿菊农译，商务印书馆 1964 年版，第 92 页。

[2] 廖奕：《司法均衡论——法理本体与中国实践的双重建构》，武汉大学出版社 2008 年版，第 182 页。

与此相似的观点认为,"司法是多样化的,不为法官和法院所独有,也不单是国家的职能。实际上,一些非法院的国家机关,甚至某些非国家的社会组织也具有一定的司法性质和作用"。可见,该学说认为司法是国家机关适用或执行法律的活动,司法权就是国家机关的执法权,凡是能够适用或执行法律的国家机关都可统称为司法机关,包括国家行政机关的执法活动,也包括国家司法机关的执法活动。依此说,"司法机关不仅包括公、检、法机关,还包括准司法机构如调解机构、仲裁机构等,甚至包括影响司法的社会力量(如媒体、社团或企业)、政治力量(人大及政府的领导有关部门等)。"[1]

二 折中说

张文显教授认为"司法是指国家司法机关通过专业化的程序和方式适用法律解决案件纠纷的专门活动。与此相应,司法权包括审判权和检察权,审判权由人民法院行使,检察权由人民检察院行使"[2]。司法的范围包括人民法院对刑事案件、民事案件、行政案件的审判活动和人民检察院对公诉案件的审查、起诉活动以及刑事裁判、民事裁判、行政裁判的抗诉活动。这是学界对司法定义主流的学说。依此说,司法机关包括法院和检察院。此学说,区分了司法活动与一般执法活动。从广义上讲,司法活动也属于法的适用的一种形式,但司法是一种特殊的执法活动。此学

---

[1] 廖奕:《司法均衡论——法理本体与中国实践的双重建构》,武汉大学出版社2008年版,第182页。

[2] 张文显:《马克思主义法理学——理论、方法和前沿》,高等教育出版社2003年版,第207页。

说的宪法基础,依据《中华人民共和国宪法》(以下简称宪法)中虽没有"司法机关"的专门规定,但是在第三章国家机构中将法院和检察院的职权以及活动原则都规定在第七节中。并同时规定了人民法院和人民检察院都享有独立的地位。显然,从《宪法》立法体例和立法意图分析,法院和检察院都是司法机构,都享有司法权。

三 狭义说

"司法是与裁判有内在联系的活动,司法权往往被直接看成司法裁判权。"[①] 此种观点是当今世界上大多数国家通行的观点。从司法、司法权的历史演变看,司法始终是与裁判、审判相关,司法权是审判权、裁判权也是司法权起源时的应有之义。司法权即裁判权的观念的历史,可以追溯到汉密尔顿"司法即判断"的经典论述。基于此,功能主义的视角下的司法"与立法程序和行政程序不同,它的功能在于通过查清纠纷和案件的事实,公布真相,以协助司法机关对于纠纷和案件进行法律处理"。[②] 依该说,司法是法院的审判活动,司法权仅指审判权,享有司法权的主体只有法院和法官。司法的本质是判断,司法权的本质是判断权——这是司法区别于行政,司法权有别于行政权的关键。[③] 因此,司法权区别于立法权、行政权的直接体现在其运作过程中,

---

[①] 陈瑞华:《司法权的性质——以刑事司法为规范的分析》,《法学研究》2000年第5期。

[②] [英]戴维·M.沃克:《牛津法律大辞典》,北京社会与科技发展研究所译,光明日报出版社1988年版,第486页。

[③] 孙笑侠:《司法权的本质是判断权——司法权与行政权的十大区别》,《法学》1998年第8期。

即"司法权行使过程最核心的部分是听审案件,即查明案件事实并将一般的规则适用于具体案件并作出裁判",因为"只要司法尚未被认视为将一般规则适用于具体案件时,就不可能有立法与司法的界限"。① 因此查明事实、适用法律规则是司法权行使不可或缺的过程。

还有学者从法社会学的视角,对司法做动态宏观的分析,认为"司法与社会的过程中还有不同的层次划分,学界一般称之为司法的'核心层'和'外围层'。"② 进而"司法权的展开过程,实质上是凭借制度塑造社会正义的过程,其实质是为社会运行与发展提供网络模式"。③ 这种分析方法也将司法权界定为裁判权。根据该学说的观点,司法的中心为"法官裁判";司法的外层则包括了公安机关、检察机关、其他国家机关及诉讼参与人的诉讼活动。

综上,对于司法权的内涵的界定学界并没有统一的意见,因为在他们各自语境下的理解都是有一定道理的。比如,司法的折中说是从我国宪法以及党的政策来看,将检察院的检察权和法院的审判权均定性为司法权并未不妥,况且检察院毕竟不是完整意义上的行政权行使机关。将司法权定义为判断权,即法院的审判权,这是从国家权力视野下的划分,显然只有法院能够行使司法权,法院的审判活动也就是司法活动,这也是当今绝大多数国家

---

① [德]马克斯·韦伯:《论经济与社会中的法律》,张乃根译,中国大百科全书出版社1998年版,第51页。
② 刘金国、周静:《论司法公正——法官的行为哲学》,《政法论坛》1999年第5期。
③ 徐显明:《司法权的性质——由〈法院工作规律研究〉谈起》,人民法院报2003年6月23日第12版。

据此，笔者从审判的动态视角，将司法理解为以法院审判为核心的活动，司法权是司法的依托，司法权本质为裁判权、审判权。"司法权以判断为本质内容，是判断权，而行政以管理为本质内容，是管理权。"① 进一步理解，"司法判断是针对真与假、是与非、曲与直等问题，根据特定的证据（事实）与既定的规则（法律），通过一定程序进行认识。"② 司法权的根本内容是法院的审判权，司法就是审判活动。因此，本书对司法仪式的理论研究仅立足狭义的"司法"概念，司法权是与立法权和行政权相对应的法院审判权。

第三节 司法权的特征

通过对司法及司法权内涵的界定，明确了司法权运作的范围，即在法院审判的活动中，而进一步掌握司法权的运作特征，才能在法治建设的进程中构建理性的司法制度。本书将司法的特征概括为：中立性、独立性、被动性、参与性与终局性。

一 中立性

中立性是司法权的第一特征。这与司法权的本质是判断权紧密相关。判断权要求法官在裁断时要站在中立的位置，不得偏袒任何一方，其所作的判决才能是公正的。在司法关系中，法官处

---

① 孙笑侠：《司法权的本质是判断权——司法权与行政权的十大区别》，《法学》1998年第8期。
② 同上。

于超然的位置,应是争议中与当事人无任何利害关系的第三方,他需要用客观的视角来审查、判断争议,他只服从于法律,且不受任何力量的影响。在古罗马法中就有"任何人不能成为自己案件的法官"的程序正义原则。司法的中立性在司法程序上给予双方当事人同等的权利和义务,为双方平等地参与司法裁判的过程,从而使双方当事人能够对判决结果产生源自内心的认同和信任。[①] 在现代法治国家中,司法权中立不仅要求法官与案件没有利害关系,还要求没有任何能够影响法官作出客观公正判决的外在因素的存在,这也是司法程序不同于立法程序和行政程序之处。《世界人权宣言》第 10 条规定:"人人完全平等地有权利由一个独立无偏倚的法庭进行公正的和公开的审讯,以确定他的权利与义务并判定对他提出的任何刑事指控",这是在国际法律渊源中首次提出司法公正的标准,并以司法机关中立裁判为保障。可见,司法程序的运作本身需要法官处于中立的位置来裁判案件。

二 独立性

司法权的独立性是指在司法裁判过程中,司法机关和法官只服从法律规则和内心的确信,而不受来自司法机关内部或者外部的干涉、影响。"在国家权力体系中,司法权虽然是一种相对独立的权力,但与立法权和行政权相比,其独立性却处于明显的弱势地位,使司法权在行使过程中,极易遭受其他权力尤其是行政

[①] 汪习根:《司法权论——当代中国司法权运行的目标模式、方法与技巧》,武汉大学出版社 2006 年版,第 55 页。

权的侵犯,当其他权力机构与纠纷的利益牵涉时,就有可能利用其强势地位影响和干预司法决定过程。"① 因此如何保障司法的独立性成为司法公正的前提。一般来说,司法权独立包括以下三个方面:司法职能独立,即国家的司法职能应与其他职能互不隶属,可称为"法院的内部独立";司法组织独立,即司法机关作为一个整体独立于外界的干涉和影响,即"法院整体独立";法官身份的独立。在现代法治社会,司法的独立性是普遍承认和确立的基本准则,例如 1985 年 11 月 29 日通过的联合国《关于司法机关独立的基本原则》将"司法独立"原则作为对各国司法的最低限度要求。

三 被动性

司法权的被动性是诉讼中"不告不理"原则的直接体现。司法权的被动性首先体现在司法程序启动方面,这与行政权行使的主动不同。托克维尔在考察美国司法制度运行的情况后,对司法权的被动性作了形象的概括:"从性质上来说,司法权自身不是主动的。要想使它行动,就得推动它。向它告发一个犯罪案件,它就惩罚犯罪的人;请它纠正一个非法行为,它就加以纠正;让它审查一项法案,它就予以解释。但是,它不能自己去追捕罪犯、调查非法行为和纠察事实。"② 司法的被动性还表现在裁判结果上。在法院作出判决的时候,是以起诉方的内容为限,法院不审理双方未曾提出异议的内容,无论是一审程序,还是上诉审

---

① 谢佑平、万毅:《审判中立论》,《湖南省政法管理干部学院学报》2001 年第 4 期。
② [法]托克威尔:《论美国的民主》(上卷),商务印书馆 1993 年版,第 110 页。

程序或者再审程序都遵循这样的原则,即"告什么理什么"。案件审理中的"当事人主义"强调当事人在举证和质证中的主导地位,而法官处于超然、中立的地位。法院在受理案件后,以起诉方在起诉书中载明的内容为裁判的范围,不得超出其事实范围主动地审查未提起的事实。案件的举证责任完全由当事人承担,司法机关只是被动地对证据材料进行审查以确定是否采信。庭审中双方当事人通过证据和事实进行辩论,法官仅仅以第三者的身份进行裁判,他不是庭审的主导者,而只是一个判断者。

四 参与性

司法权的多方参与性贯穿司法活动的全过程。在司法权运作的过程中,司法机关的裁判必须是以当事人参与的过程中充分行使其诉讼权利来主张案件事实和理由的前提下作出的。日本学者棚濑孝雄也同样认为:"审判的本质要素在于,一方面,当事人必须有公平的机会来举出根据和说明为什么自己的主张才是应该得到承认的,另一方面,法官作出的判断必须建立在合理和客观的事实和规范基础上,而这两个方面结合在一起,就意味着当事者从事的辩论活动对法官判断的形成具有决定意义。"[1] 从现代法庭的设置和司法程序的运作方式可以看出,裁判活动要通过当事人双方与裁判者进行面对面的交涉、说服和争辩来进行;从法官在法庭之外的活动方式来看,裁判者在形成其内心确信的过程

---

[1] [日]棚濑孝雄:《纠纷的解决与审判制度》,王亚新译,中国政法大学出版社 2004 年版,第 256 页。

中,也始终伴随着当事人双方的意见。① 可以说,在司法活动中,法官与当事人及其他诉讼参与人都有各种的诉讼角色和地位,一方面当事人的一致在审判过程中得到了尊重和表达,体现裁判过程的公正性和民主性;另一方面,法官的裁判受当事人辩论的内容和形式的约束,并充分吸收程序参与各方的意见,使裁判结果能建立在对案情全面分析的基础上,以此达到程序公正的要求。

五 终局性

司法的终局性是由司法是解决纠纷的最后一道防线的特点所决定的。因此,法院所作的业已确定的判决,除非依照法律的特别规定,不得再重新审理和判决,同时对当事人、法院及其他国家机关产生拘束力。司法的终局性是司法权的本质属性。因为同立法权和行政权不同的是,司法权代表国家权力对纠纷作权威性的裁决,不得随意的变更。司法的终局性直接体现为裁决效力的终局性。以刑事诉讼为例,在大陆法系国家存在"一事不再理"原则,与之类似的原则在英美法系称为"禁止双重危险"原则。其基本的理论基础是既判力,即"某一判决一旦具有既判力,就意味着同一被告人的同一行为不得再受到起诉和审判,从而产生所谓的'一事不再理'的消极效果"。② 因此,司法的终局性能保障法的安定性和社会关系的稳定性,对当事人及其他国家机关

---

① 陈瑞华:《司法权的性质——以刑事司法为规范的分析》,《法学研究》2000年第5期。

② 陈瑞华:《问题与主义之间——刑事诉讼基本问题研究》,中国人民大学出版社2003年版,第327页。

产生拘束力和执行力。在法治社会里，司法的终局性是树立司法权威的前提，是司法权的裁判权的本质所决定的，是司法公正起码的标准。正如季卫东教授所言，"经过司法裁判所认定的事实关系和法律关系，都被一一贴上封条，成为无可动摇的真正的过去"①。

第四节 司法权的功能

"所谓功能，是将系统的要素和多个作为要素集合体的子系统，或者说整个系统所负担的活动、作用、职能解释为与系统实现目标和系统适应环境所必须满足的必要性条件相关时，对这些活动、作用等所赋予的意义。"② 司法活动作为一种过程价值，也作为一个揭示司法权内涵和特征的展示，是对司法权静态结构的剖析，而司法权动态运作中的效用却未涉及，所以需要研究司法权的功能，以便分析其对社会延续的作用。从司法运作的角度，将司法权的功能概括为以下几个方面。

一 纠纷解决

以人类为中心的社会，由于其内部的利益的分化而发生的各种社会冲突贯穿于人类社会发展的整个过程。在人类社会初期，社会冲突的解决多是私力救济，包括复仇、和解、自决等简单的形式。而当生产力发展，伴随着人类文明和国家出现，产生了新

---

① 季卫东：《法治秩序的建构》，中国政法大学出版社1999年版，第19页。
② [日] 富永健一：《社会学原理》，严立贤等译，社会科学文献出版社1992年版，第162页。

的解决纠纷的方式——司法裁判。可见司法的直接功能是"司法权存在的目的,一方面是给那些受到损害的个人权利提供一种最终的、权威的救济,另一方面也对那些颇具侵犯性和扩张性的国家权力实施一种中立的审查和控制"。[①]

在多元纠纷解决机制下,司法权并不能解决所有的社会纠纷,但是司法权作为国家权力的强制性和终局性,使其成为权威的裁判方式,也是社会公正的最后防线。因此,司法机构发挥着纠纷解决不可替代的作用,"法院确实特别(虽然不是唯一地)适合成为这样一种职责的承受者。作为纠纷的解决者,法官通过鼓励和平地解决民间冲突来服务于政治秩序。"[②] 现代社会呈现的价值多元化,使利益冲突也更复杂,因此解决纠纷的机制也为人们提供了更多的选择。较之私力救济方式,作为公力救济方式的司法权在解决纠纷方面有更为公正的优势,因为法官是职业的裁判者,有专业的经验和法律技能;裁判过程的公开性和透明性,接受社会的监督,更能保证司法公正;当事人权利救济途径的多样性,可以申请上诉、再审等。这样使审判这种解决纠纷的方式区别于仲裁、调解等纠纷解决方式,使其成为当事人权利保障的最后屏障。现代司法权运作过程中发挥解决纠纷的功能有两种方式:一种是直接解决纠纷,即"定纷止争"。另一种方式是间接解决纠纷。一方面司法权保障其他纠纷解决机制的施行,另一方面司法权监督其他纠纷解决机制的运行,比如我国《仲裁

---

① 陈瑞华:《司法权的性质——以刑事司法为规范的分析》,《法学研究》2000年第5期。

② [美]诺内特、塞尔兹尼克:《转变中的法律与社会——迈向回应型法》,张志铭译,中国政法大学出版社2004年版,第65页。

法》规定的法院对于违法的仲裁裁决可予以撤销的仲裁司法监督权。概言之,"在现代社会,由于司法不仅具有解决各种冲突和纠纷的权威地位,而且司法裁判乃是解决纠纷的最终手段,法律的公平正义价值在很大程度上需要靠司法的工作而具体体现。"①

二 制衡权力

司法权产生于社会冲突的解决之时,随着国家权力的演化过程,司法权与立法权、行政权之间的关系更加紧密,而一切有权力的人都容易滥用权力,这是万古不易的一条经验。因此,要防止滥用权力,就必须以权力约束权力。② 据此,司法权如何与立法权、行政权制衡的功能应运而生。分立的国家权力应相互制衡、相互控制。"如果司法权不同立法权和行政权分立,自由也就不存在了。如果司法权同立法权合而为一,则将对公民的生命和自由施行专断的权力,因为法官就是立法者。如果司法权同行政权合而为一,法官便将握有压迫者的力量。"③ 作为第三种权力的司法权应独立于行政权、立法权而予以强调。以司法功能的视角,它对宪法所规定的人民的权利的威胁性最小,因而为了使三权实现权力的平衡和制约,应当使司法机构掌握司法审查权。

(一)司法权制约立法权

司法权对立法权的制约集中表现为司法审查。但对立法权的

---

① 王利明:《司法改革研究》,法律出版社 2000 年版,第 9 页。
② [法]孟德斯鸠:《论法的精神》(上),张雁深译,商务印书馆 1993 年版,第 154 页。
③ 同上书,第 186 页。

司法审查并不是使司法权优于立法权,而只是说当议会在通过的法案中所表现的意志,与人民在宪法中所表现的意志相冲突时,而不是以议员们的意志为准。①以1803年马伯里诉麦迪逊案为溯源,开创了法院通过解释宪法来控制立法机构的审查原则。违宪审查制度的宪政要旨在于:通过成文宪法的解释对立法机构形成有效制约,现代议会制不能无限制地行使立法权,议会多数人的"专制权力"被司法权限制,多数人的民主与少数人权利保护之间的状态实现制衡。现代许多国家,如德国、俄罗斯、意大利、西班牙、韩国等国都设立了宪法法院,赋予其违宪审查的权力。目前,我国尚未建立违宪审查制度,但根据我国行政诉讼法的规定,在审理行政案件时法院可以部门规章和地方规章为参考。从这个意义上说,法律赋予司法权对部门规章和地方规章的审查权力,对于符合法律和行政法规的部门规章和地方规章,人民法院可以此作为审判根据;反之,则不能作为审判根据。可以说,我国的一些行政诉讼案件中已经介入了违宪审查的因素。

(二) 司法权制约行政权

按照行政权与司法权分立的原则,行政不干预司法,而司法也不应介入行政事务。然而这并不意味着司法不应对行政进行监督。因为"行政机关是法律的产物,正如公司从属于它的章程一样,行政机关从属于设立它的授权法。这就是说,行政法的基本原则与公司法的基本原则一样,是不得越权的原则……如果行政

---

① [美]汉密尔顿等:《联邦党人文集》,程逢如等译,商务印书馆1980年版,第264页。

行为在法定权限之内,它是有效的;如果在权限之外,它是无效的。"[1] 据此,法治社会要求行政机关必须在法律规定的范围内并遵循法定的程序行使职权,对行政权进行有效的监督和制衡,是依法行政的前提。而从国家权力的角度,司法权具有中立性和独立性,对行政权进行制衡是具有极大优势的。司法机关能够在行政机关与行政相对人之间发生争议时充当中立的第三方,对行政行为合法性进行审查。我国行政诉讼法已经规定,法院依法享有对行政机关的具体行政行为的合法性进行审查的权力。从这个意义上说,法院不仅仅是对行政机关实施的适用法律法规错误、超越职权、滥用职权、不履行义务等各种违法的具体行政行为的审查,而且是对那些具体行政行为是否符合宪法规定的审查。所以,由法院裁判的行政案件发挥了对行政机关活动的有效监督的作用。

三 保障权利

司法权在民主法治国家,是维护法律实施和社会正义的最后一道防线,它是公正地解决公民之间的各种纠纷以及公民与政府之间各类纠纷的手段。公民权利的保护通过以审判权为本质的司法权的运作来实现的。社会冲突呈现日益多样性,伴随着立法权的衰弱和行政权的扩张,公民的权利更容易受到国家权力的威胁,因为司法权具有独立性、中立性和被动性使其不太可能直接侵犯公民的权利,较立法权、行政权更适合承担保护公民权利和

---

[1] [英]哈耶克:《自由秩序原理》,邓正来译,生活·读书·新知三联书店1997年版,第200页。

自由的任务,司法机关成为保障公民权利的"最小危险部门",即"无救济则无权利"。在现代社会,司法权保障公民权利的功能,主要通过以下两种方式实现:

一是,确立司法权行使的范围,保障当事人的合法权益。例如,"在英国,不管一个人的地位如何,不管他控诉个人或国王,他都更有把握使世人听到他的控诉,而且在英国所有的法庭都可以找到维护他的财产、自由与生命的最好保障。"[①] 在我国,公民权利的救济途径存在于司法裁判活动相应的三种诉讼形态之中:民事诉讼、刑事诉讼、行政诉讼。民事诉讼中,各方当事人在法庭争辩举证,法官依照法定的审判程序对查明的事实适用实体法作出裁判。民事诉讼裁判是使受侵害的民事权利通过公力救济的方式确认为现实权利的过程。刑事被害人通过刑事司法权对被告人刑事责任进行审判,一方面通过刑法的惩罚功能保护受害者的合法权利,另一方面也为被告人提供一次获得听审的机会,也同时保证其基本人权。同样,在行政诉讼中,作为相对的个人因为不服行政机关的决定和行为,而向法院提出司法审查的请求,使法院对行政机关的行政管理权实施控制和制约,以保障行政相对人的权利不受行政权非法侵害,发挥司法权的权利保障功能。

二是,司法权运行的过程中,保障程序性权利。为了确保司法权在法定的轨道上运行,在司法权的实施进程中,需要有效的制约机制。首先,在司法程序中设置程序性的权力,能有效地确

[①] [法]托克维尔:《旧制度与大革命》,冯棠译,商务印书馆 1996 年版,第 263 页。

保司法的公平和正义。比如设置当事人的上诉权、再审权、申请强制执行权等程序性权利。以民事诉讼中的上诉权为例，一审法院作出的裁决，如果有程序或实体上的裁决错误，当事人可以通过上诉，启动二审程序，以纠正可能的错误，以保证自己的合法权利。这样体现了司法公正，也符合正当程序的要求。其次，在司法程序中确立基本原则，以保证司法运行的正当性，保障权利不受侵犯。比如，在民事诉讼中规定了，诉讼当事人平等原则、公开审判原则、诚实信用原则、辩论原则、回避原则等；在刑事诉讼法中确立了以事实为依据、以法律为准绳原则、罪刑法定原则、无罪推定等原则；还有行政诉讼法中的法院独立行使审判权原则、具体行政行为的合法性审查原则、行政被告不得处分法定职权等原则。这些原则的规定，一方面为司法权的运行提出正当性的要求，另一方面可以在法律规定有漏洞时起到实践指导的作用。因此，通过程序性权力和程序原则，制约司法权，保障公民权利不受侵犯。

综上，笔者认为，在权力分立视野内司法的本质为裁判、审判活动，司法权即为裁判权、审判权。司法权能够保持中立性、参与性、独立性和终局性，公民就可借此"为权利斗争"，使国家权力受到法律的控制，更好地保障公民权利。解决纠纷是司法权的直接功能，并且成为其他功能发挥作用的先决条件，司法权的其他功能都是其原初功能的演化。国家通过依法行使司法权，解决社会冲突，司法权既要维持不同国家权力的平衡，也要维持公民权利与国家权力之间的平衡。较之前一种冲突两种国家权力的势均力敌，后一种冲突中的公民权利处于弱势地位，进而更为迫切地需要有一种强大的力量的支持，作为公平正义象征的司法，被赋予了支撑社会公正体系的重任。因此司法权的运作，能确保公民权利和国家权力处于更加平等的地位，使个人有与国家权力机构展开平等对话、交涉的机会。而在司法运行过程中，司法的公平正义不仅仅表现为裁决的结果，更为重要的是裁判过程中的司法独立、公平。正当程序的内容在法庭审理的过程中显现，比如法官居中消极裁判的位置、当事人双方平等的辩论、公开审理等内容，这些内容透过审判过程中的象征符号进行着表达，比如：法官穿着法袍、使用的法槌，将双方当事人的位置对等地摆放于法庭两侧，法庭上悬挂国徽，等等。

第二章 仪式的基础理论

仪式是人类历史最古老、最普遍的社会文化现象之一。在过去的一百多年里，由于仪式是一个纷繁复杂的概念，在对它的基本内容界定时有很大的解释空间，所以仪式理论从发生到发展经历了一个明显的变化轨迹。因此，对仪式进行全面的评述自然存在着相当大的难度，对仪式理论进行研究的学者都在自己认为"合适"的领域中各自为战，从而使仪式范围不断扩大，在不同社会科学产生的交叉视角中，形成了各种不同的范式、方法、领域，对仪式进行探讨和阐述的研究成果也层出不穷，使得仪式理论丰富到足以令人炫目的程度。

对于仪式研究颇有渊源的人类学，将仪式的阐释作为其研究的重点问题。"对于人类学者来说，宗教信仰和仪式构成了文化的基本特质。人类学者向来是将信仰和仪式作为关注的主要焦点和论题，他们为了避免主观的价值观和意识形态的判断在他们的文化本身逻辑中，从被研究者的角度参与到仪式的主体社会中阐释和分析。"[①]

---

① 王铭铭：《社会人类学与中国研究》，广西师范大学出版社2005年版，第133页。

笔者在人类学已有仪式理论研究的基础之上，关注仪式在复杂的现代社会中如何发挥其作用，仪式行为的本质、特征、功能等问题，在历史和社会变迁的维度内，分析仪式的过程及象征意义，并遵循与社会结构相结合的研究范式。

第一节　仪式的界说

一　仪式的本质：社会行为

在 19 世纪，"仪式"一词是在欧洲文化和宗教人类经验进行对比分析的背景下，作为一个分类范畴上的概念出现。仪式从日常的、人的世界出发，寻找仪式的定义，将源自西方社会的各类仪式，如宗教性的祈祷、圣餐仪式、庆典仪式、加冕仪式等看做是有共同特征的跨文化意义。根据文化人类学的研究，可将文化形式分为观念、行为、物质三个层面。很显然仪式不是存在于人脑中的观念，也不属于物质层面的事物，而是付诸实践的一种行为，是一种特定的行为方式。完整的仪式虽然没有单独类型的行为可以构成，但是却有相似的行为方式。因为仪式是一种人类活动，人类学研究者之所以会辨别出来这是一种仪式，是因它与日常生活行为形成对比。

仪式被限定在人类"社会行为"这一基本表述上，即仪式是社会生活的实践过程。因此，在仪式中人们尊重社会本身，仪式有助于确认参与者心中的秩序。人明显的是这样一种动物，他极度依赖于超出遗传的、在其皮肤之外的控制机制和文化程序来控制自己的行为。显然，人的行为都是受特定社会价值体系影响，参与一些规定的仪式。法国社会学家涂尔干表达过类似的观点，他认为宗教是由信仰和仪式两个范畴构成的。在整个世界被划分为"神圣—世俗"两大领域的背景下，仪式是群体社会行为的方式，也是集体思想的产物，即仪式是社会生活的实践过程。明确将仪式限定在人类的"社会行为"这一基本表述上，源于法国人类学家范根纳普的"通过仪式"的理论。他将所有仪式概括称为"过渡仪式"。这时的"过渡仪式"并不只是一个意义模式，它也是一种社会互动的形式。英国象征仪式研究大师维克多·特纳将仪式界定为，"人们在不运用技术程序，而求助于神秘物质或神秘力量的信仰场合时的规定性正式行为。"[1] 他将仪式表演看做社会过程中的特别阶段，这里仪式的象征符号是社会行动因素，因此仪式行为可以说是社会性的行为。

对仪式做汉字本意的探究时发现，仪式在中国古代文化典籍中被解释为以下含义：（1）仪式可作法典、法度解。《诗·大雅·文王》："仪刑文王，万邦作孚。"朱熹集传中：仪，象；刑，法。（2）我国古代将"礼仪"视为规定古代社会秩序和国家制度的规范。如《说文解字》中将"仪"解释为："'仪'（儀）度也，从人，义声。"《论语·周语》中"度之于仪轨"。（3）强调仪礼的规范和法律效力。如《淮南子·修务》记载，"设立仪度，可以为法则。"古代最早的仪式是祭祀仪式，"盛玉以奉神人之器谓之若丰，推之而奉神人之酒礼亦谓之礼。又推之而奉神人之事通谓之礼"，也就是说最初祭祀神灵和人鬼的器具被称为礼，后来

---

[1] [英]维克多·特纳：《象征之林——恩登布人仪式散论》，赵玉燕、欧阳敏、徐洪峰译，商务印书馆2006年版，第19页。

供祭祀的酒也叫做礼，再后凡是进行祭祀活动统统都叫做礼。①可见，在古代，祭祀仪式可以作"礼"解，从祭祀活动中人们逐渐演化为习俗，最后上升为"礼"，其后成为封建社会几千年的统治秩序和等级制度。所谓的儒家的"礼"很大一部分可以视为仪式，它是联结社会结构内部关系的重要纽带。春秋时代，就有成年礼、结婚礼、见面礼、丧礼、祭祀等礼仪。以"士冠礼"为例，这是为年满二十岁的男子举行的成年仪式。"主人玄冠，朝服，缁带，素韠，即位于门洞，西面。"② 在"士冠礼"中，主人要戴浅黑色的冠，穿朝服，要束黑色带子，腹下膝上围着白色的护膝，在门东即位，面朝西。可以看出在该"礼"中，对于仪式的细节要求很详细，从其穿着的要求不同于往常这一细节，也就表明在当时的"礼"已经是人们在日常生活之外的重要仪典，显然成为当时社会关系的真实写照。

二 仪式的概念：从涂尔干到特纳

总结人类学仪式研究的理论，按照彭兆荣教授的概括，存在着两种理路的演进："一种是对古典神话和仪式的诠释，将仪式放在文化的原初形态，讨论二者之间早期互动等关系，沿着该进路研究的学者有泰勒、弗雷泽等；另一种进路是对仪式社会行为本质和宗教本源进行探讨，即将仪式视为社会实践活动和宗教信仰的行为，并趋向于把仪式作为具体社会行为来分析，进而考察其在整个社会结构中的位置、作用和地位。比如

---

① 王国维：《观堂集林·卷六·释礼》，中华书局1959年版，第241页。
② 《仪礼·士冠礼》，彭林注译，岳麓书社2001年版，第1页。

涂尔干、维克多·特纳、列维—斯特劳斯、道格拉斯等都承袭了仪式研究的这一传统。"① 当代人类学对仪式研究逐级缺少了对早期神话—仪式这一范式的热情，而更关注于结构—功能的仪式的探究。"'结构—功能主义'很少关注个体的行为或需求，而更多地关注个体在社会秩序中的位置，或者确切地说，关注社会秩序本身的建构。"② 至此，笔者更为关注仪式内部的意义和在社会中的关系，所以选择人类学仪式研究对此有直接推进作用的后一进路，并选择仪式研究上有代表性的人类学家涂尔干和特纳的理论。

法国社会学家涂尔干对宗教现象的研究带有强烈的功能主义色彩，在《宗教生活的基本形式》一书中，将宗教解释为信仰和仪式的范畴，他认为对应宗教信仰者来说世界被划分为"神圣—世俗"两大领域，作为宗教构成因素的仪式，属于信仰物质形式和行为模式。③ 仪式是群体社会行为的方式，以及集体思想的产物。他通过对澳洲氏族部落的宗教膜拜仪式中心态和情景的描述和分析，进一步说明除人们必须进行的打猎和捕鱼的日常生活之外，能够激发部落成员情感的周期性仪典对一个氏族部落群体巩固其利益和传统的共同体的重要作用。涂尔干关于"神圣—世俗"领域的著名论断，成为后来讨论仪式定义和内涵不可逾越的原点，也就是说直接将它与仪式的意义相关联。仪式是社会生活

---

① 彭兆荣：《人类学仪式研究评述》，《民族研究》2002年第2期。
② ［英］阿兰·巴纳德：《人类学——历史与理论》，王建民等译，华夏出版社2006年版，第65页。
③ ［法］爱弥尔·涂尔干：《宗教生活的基本形式》，渠东、汲喆译，上海人民出版社2006年版，第33页。

的实践过程,在仪式中人们尊重社会本身,因为客观物质世界的秩序是建构在社会秩序基础之上的。可见,仪式有益于参与者心中对社会秩序的确认。

最早由法国人类学家阿诺德·范根纳普的"通过仪式"的理论,将所有仪式概念表达为"过渡仪式"。"通过仪式"可以作更广泛的意义上的理解,如献祭仪式、入会仪式、宗教仪式等,是伴随着每一次地点、状况、社会地位,以及年龄的改变而举行的仪式。这些"过渡仪式"都具有三重结构,即:分离阶段、阈限和转换阶段、重合阶段。也就是说,"人的一生由一连串有着相似终点和起点的阶段所组成:出生、社会性的青春期、结婚、为人父母、提升到更高的等级、职业的专门化、死亡。这些事件中每一个都有庆典,其根本的目的在于使个人离开一种确定的位置而转入另一种确定的位置。"[①] 他将仪式视为个人生活的地点、状态、社会地位随着年龄变化的过程,并侧重于仪式过程不同阶段"阈限"之间的各自品质、特征以及变化关系之上。也就是将人的生理特征和生命阶段的社会化通过仪式的展演聚合到一起。这时的"过渡仪式"并不仅仅是一个意义模式,它也是一种社会互动的形式。

当代对仪式研究最具影响的曼彻斯特学派的代表人物英国人类学家维克多·特纳,他借助于阿诺德·范根纳普使用的"阈限"这个术语,在其名著《仪式的过程——结构与反结构》中,进一步对仪式三阶段中的中间阶段进行模式化分析。特纳

---

① [英]菲奥纳·鲍伊:《宗教人类学导论》,金泽、何其敏译,中国人民大学出版社 2004 年版,第 186 页。

总结恩丹布人的资料,把人类的社会关系分为两种:一种是日常关系,在这种关系中,人们保持着相对固定或稳定的社会关系结构模式。另一种是仪式关系,是介于稳定仪式前期、后期两种状态之间的"反结构"。维克多·特纳将这一仪式不同阶段的转换历程称为"阈限"阶段,"阈限的实体既不在这里,也不在那里;他们在法律、习俗、传统和典礼所指定和安排的那些位置之间的地方"①,意指处于"反结构"状态有限的时空阶段。他将"通过仪式"看作从结构到反结构,然后再回到结构的过程。"阈限"是一种处于稳定结构交界处的"反结构"现象,是对仪式前和仪式后两个稳定状态的转换阶段。在特纳的仪式理论中,仪式是用来确认现存的等级结构和社会成员的角色地位,但在仪式过程中,这些关系和角色通常是不确定的,或者暂时性地处于颠倒状态。②

据此,涂尔干和阿诺德·范根纳普都试图把所有仪式行为统一在一个超级结构里,即仪式,并建立一个涵盖全部的普遍化模式。涂尔干将仪式视为具有增强作用的集体情绪和社会整合现象。特纳在阿诺德·范根纳普"通过仪式"理论之上发展出"阈限"阶段,突破了传统静态的社会结构研究,把仪式放在运动的社会过程中加以考察,他把社会看作是交融与结构的辩证统一,是结构与反结构相互作用的结果。而我们探究仪式的概念,是将源自于西方社会的仪式内容作为前设,认为它们

---

① [英]维克多·特纳:《仪式过程——结构与反结构》,中国人民大学出版社2006年版,第95页。
② 马敏:《仪式与剧场的互移——对现代中国大众政治行为的解读》,《甘肃理论学刊》2004年第4期。

之间是有相似的跨文化概念。然而，没有一个可以直接地或普遍地辨认出来的单独行为类型可以称作"仪式"，但是却有某些行为方式可以纳入人类学者所确认的意思范畴。概而言之，仪式为人们展示出一个窗口，通过它人们可以洞察生活的各个方面，并且还为认识论提供了一个辩证的基本观。进而言之，仪式不仅仅属于一种历史形貌的展现形式，也是一种人们参与和认知的内容。它既集结了某种人们对宗教生活的信仰，同时提供了一种可观察的活动。这样，仪式的意义和仪式行为呈现出一个巨大的解释空间：这个空间并不是主观任性的，而是以它们之间存在的辩证关系为限定。仪式的解释空间是与社会结构紧密相连的，因为仪式的行为是社会行为，并成为导入和破解社会的一种可操作、可分性、可拆解、可诠释的物质形态。对仪式作广义的理解，即"仪式可以是特殊场合情景下庄严神圣的典礼，也可以是世俗功利性的礼仪、做法，或者亦可将其理解为被传统所规范的一套约定俗成的生存技术或国家意识形态所运用的一套权力技术"。[1]

综上，由人参与的仪式也是一种社会现象。可以说在社会中，仪式与秩序的互动关系表现为：人的行为是受特定社会价值体系影响的，并在特定的价值体系中参与一些规定的仪式。概言之，仪式的本质是社会行为，是信仰认知模式的外向延伸，是发生在特定场合、时间、地点、按照既定的程序和方式，为特定群体进行的具有象征意义的活动。

---

[1] 郭于华：《仪式与社会变迁》，社会科学文献出版社2000年版，第3页。

第二节 仪式的特征和功能

人类学家大多对仪式作描述性的定义,或在特定语境下作诠释,就什么构成了仪式,仪式的特征是什么,什么是仪式的象征意义,这些问题有相似的见解。人们对仪式做不同社会历史记录的认识、理解和分析,可以将仪式视为社会实践活动。每个人对世界的认知都是实践性的过程,同时将实践中掌握的知识运用于日常生活中。人类社会活动一方面受到特殊的环境和历史背景的制约和影响;另一方面仪式性社会实践活动又会对其他社会活动,甚至某种程度上对社会语境产生影响。仪式在人类社会中广泛而长久地存在和演化,彰显了它的巨大魅力,也证明它的特征和功能。

一 仪式的特征

仪式活动包括了仪姿、动作、行动,以及仪式行为和行为者的情态、心理等因素。这些因素会在一个特定的时间、特定的环境中通过一系列行为综合展现出来。在仪式情境中,表现出神圣性、戏剧性、程序性的特征。

(一)仪式的神圣性

仪式是通过参与者的行为、语言、情态、表情等活动和参与者的服饰、场景布置等客观形式的安排组成仪式情境,并从此种情境中感知和体验到仪式带给他们精神的慰藉和感情的依托。例如:在与信仰有关的仪式过程中,当人们面对虚拟出的神圣世界时,其自身必将融入其中,与之进行心灵上的交流,这时进入情境的人,即仪式的进行者也就变成了"阈限人",其精神和心理超出了日常生活状态而进入仪式化的状态。也就是说当仪式的行为者进入"神圣化"的同时,他们也将仪式拉入"神圣化"的状态。仪式能唤起人们的感情来自两个方面:一是来自个人与社会的历史经验与社会环境;二是来自人类心理共有的素质。其中前一因素中的个人感受的形成依赖于外部的影响。仪式由于其行为、环境、器物等背后的权威和权力的支配,而显示出神圣和庄严,进而作用于参与者的内心,形成强烈的情感。正是仪式的神圣性,激发人们内心庄严、肃穆的感情,进而对人们的行为产生约束力,持久地影响仪式物质层面的效力,确立人们内心坚定的信念。

(二) 仪式的戏剧性

"戏剧,是专门化发展了的艺术因素的总和,换句话说,戏剧是原始宗教艺术化、审美化的结果。"[1] 所谓仪式的戏剧性,也就是仪式具有的表演性,有一个固定的场景、一套固定的动作、参与者充当固定的角色。原始的宗教仪式是戏剧的源头,其中的音乐、舞蹈、语言等因素综合成为整体性的感染力。例如,原始部落模拟图腾动物动作的舞蹈、基督教圣餐里的面包和饮酒,或是其他禁忌中的具有象征和隐喻的行为和符号,都是仪式情境中的戏剧性行为。仪式戏剧性表现为具有完整的"情节",它有始有终,并且是神圣的和庄严的"演出"。这时,人们不仅仅感受到情绪上的激动,还有生理上的快感,进而形成心理上的

---

[1] 刘彦君:《东西方戏剧进程》,《清华法学》(第二辑),清华大学出版社2003年版,第86页。

愉悦和艺术的美感。美国人类学家格尔茨就把这种公开的仪式称作"文化表演",宗教仪式中的形式引发人们的情绪和动机,形成超验的生活方式,并确立宗教的权威和塑造信仰的本质。对于信仰宗教的教徒来说,仪式是对宗教教义形象化、具体化的展现和表达,它不仅是他们内心对宗教信仰的表现,更本质的是在他们内心确立信仰内容。可以说,仪式虚构的是形式,而表达的是真实的感情。仪式中的"演员"不仅在表演"剧本",而且在表演的场景中体验到神圣。他们在演绎着"理想国",并将自己融入其中,表达着自己真实的感受。概言之,仪式把守着神圣的大门,人们正是通过戏剧性的仪式表演,唤起尊敬和崇拜的内在情感,进而开启神圣之门。换句话说,仪式是对神圣感受的戏剧性展演。

(三) 仪式的程序性

仪式是对某一群体特定社会价值体系的确认和认同。仪式遵循着一种"模式",这种模式对仪式现场的人们都具有严格的规定性,此时的"规范"具有类似于"章程"的权威性。任意一种仪式之所以能够流传并被特定人群所接受,固定、公正的程序是重要原因之一。可将仪式的程序性,概括为发生在特定情境下的一套固定行为模式。在很大程度上,仪式表现出的权力和权威来自于仪式的程序性。只有按照特定群体认可和习惯接受的程序所规定的内容才称得上是仪式,如果程序任意被篡改或破坏,仪式的庄严性就消失殆尽。因此仪式程序带有"机械性"的古板特征,这是不容省略的。在仪式活动中,所有的物质、符号、组织、形式等对任何一个参加者都具有同等的效力。

仪式之所以成为相对稳定化的形式,具体表现为以下几个方面：(1) 仪式把各种复杂的因素和各类物质符号聚拢在一起，并重新组织起一个特殊的形式，对社会关系和社会秩序加以控制和整合。(2) 仪式中的各种物质因素，包括器具、姿势、语言、形态、时空等都已超出日常生活的行为和过程，仪式下的语境是它们以及它们的组合产生一种超现实的控制力；而这种控制力的获得需要借助于某些权力的权威。(3) 日常生活中的物质通过仪式的程序性活动，被提升到一种认知的高度，经过反复的运行，那些物质的认知价值逐渐凝固下来而演变成人们的观念和习俗。在这里，仪式程序对仪式观念和习俗的描述和解释都必须在它们所处的特定社会场域中分析。据此可以认为，任何事物在某一个特定的社会中都会自然地嵌入到整个社会的认知和价值体系中，通过固定的形式对人们实施控制，仪式也是如此。

二 仪式的功能

功能主义假定文化是一个整合的系统，在一个特定共同体中，文化的每一个因素都扮演一定的角色，发挥一定的作用。研究某一事物功能的目的是发现其一般规律，然后根据这些被发现的规律，来解释其蕴涵的任何文化因素。因此，通过对仪式主要功能的解释，阐释其背后的规律。仪式可以是神圣的，也可以是凡俗的活动，这类活动经常被功能性地解释为在特定群体和文化中沟通、过渡、强化秩序以及整合秩序的方式。[1] 因为仪式是社会行为，通过分析社会"有机体"的结构机能，归纳仪式具有的功能，阐释这些功能所具有的文化意义。

---

[1] 郭于华：《仪式与社会变迁》，社会科学文献出版社 2000 年版，第 1 页。

最早较为完整地、明确地提出仪式的功能的学者为涂尔干，他在对原始部落仪式的研究中发现，仪式在他们的生活中带有明显的"集体表象"，仪式提供了原始社会中带有戏剧特征的形式，人们可以通过仪式活动的内容和形式以及与神话的历史关联寻找到远古时代的某种特征，这也是他概括仪式功能的基本观点。当然，在涂尔干的"神圣—世俗"的框架里，宗教信仰者的膜拜，使其体会到内心的欢乐、平和、安宁等感受，对于信仰者来说，这些体验是其信仰的经验验证。概言之，"仪式是在集合群体之中产生的行为方式，它们必须要激发、维持或重塑群体中的某些心理状态。"① 他以此为理论基础，认为仪式的功能就是集合、传达、维护社会群体的情感、召唤个体意识中的集体力量。另一位人类学大师英国的拉德克利夫·布朗曾追随涂尔干的学说。他从结构—功能主义立场出发，主张"一切社会制度或习俗、信仰、仪式等的存在，都是由于它们对整个社会有其独特的功能"。② 作为社会文化现象的仪式是社会秩序的展演，对社会体系有不可或缺的作用。在人类有秩序的社会生活中，社会成员中某些情感制约着社会成员间的行为，进而影响社会进化。仪式能产生和表达社会凝聚所必需的情感。因此，仪式能够表达、维持和一代代地传承社会结构所依赖的社会凝聚的情感，这也成为仪式特有的社会功能。人类学家维克多·特纳，以社会的冲突论为背景，通过仪式"结构—反结构—结构"的过程模式，将仪式行

---

① ［法］爱弥尔·涂尔干：《宗教生活的基本形式》，渠东、汲喆译，上海人民出版社2006年版，第8页。

② ［英］拉德克里夫·布朗：《社会人类学方法》（前言），夏建中译，华夏出版社2002年版，第3页。

为视为社会通过对自身的反省来建构秩序的手段之一。也就是人们在不运用技术程序,而求助于神秘物质或神秘力量的信仰的场合,所进行的规定性的行为。道格拉斯研究日常生活的仪式,认为仪式是秩序的活动,是重新确立社会秩序的重要手段。

可见,许多人类学家都把仪式的功能归结到"维持社会秩序"这个主题上。在谈到社会的整合问题时,从涂尔干、拉德克利夫·布朗等人将社会看作一种恒定或不受时间限制的有机体组织,作为社会体系结构中的仪式有与社会整合为统一体相联系的确定功能。而特纳遵循曼彻斯特学派"社会冲突论"的观点,社会的结构并不是一直处于静态的稳定状态,因为在社会制度内部的诸要素也不总是和平共生,因而也会有社会"冲突"与"结构对峙",社会的聚合与巩固正是通过有效地吸纳社会要素间对立及矛盾而实现的,而仪式恰好能满足社会整合的需求。特纳认为,社会关系具有动态性的特征,社会行为本身的过程性结构,即"仪式行为类似于一种情感升华的过程……仪式中的范式具有一种促成欲望的功能,它既可以促使人们去思考,同样也可以驱使他们去行为"[1]。综上,笔者同意彭兆荣教授对仪式功能的概括,即仪式对于社会结构和人际关系而言,它的一个基本的原则就是交流。遵循这个原则,它展示了以下三种功能和三种表述范畴:展演功能——表述范畴:展示什么;行为功能——表述范畴:做了什么;指示功能——表述范畴:说了什么。[2] 从这个意义上说,仪式的社会化其实不过是检查它的功能在社会生活中的

---

[1] [英]维克多·特纳:《戏剧、场景及隐喻——人类社会的象征行为》,民族出版社 2007 年版,第 52 页。
[2] 彭兆荣:《人类仪式研究评述》,《民族研究》2002 年第 2 期。

体现状况和程度。

第三节 仪式的象征意义

在仪式理论中，不可忽视的是，作为社会过程一部分的象征符号，它是构成社会行动的一个重要因素，行动领域的一股积极力量。象征符号与人们的利益、意向、目标和手段相关。因此，仪式须在相关联的事件——时间序列中来研究，也就是要研究仪式进程中符号的象征意义，才能掌握仪式的意蕴和隐喻。笔者在下文将对仪式的象征意义进行探讨，其中包括互相联系的仪式的结构、仪式的价值和仪式的隐喻三个方面。

德国著名社会学马克斯·韦伯将人比作"由自己编织的意义之网上的动物"，认为人类就是意义的创造者。人类的社会活动范畴中的意义，是不断被创造、被表达、被规定的，同时人类也是被意义规制的。借用韦伯的观点，任何一项文化事件"不单只是存在、发生，它们还具有意义并因这意义而发生"，因此属于文化范畴的仪式也并不例外。可以说，"仪式像语言一样承载意义，并且本身可能在和产生语言代码时一样的条件下产生"[1]。

人类学结构—功能框架下的仪式研究在比较晚近时，发现仪式和象征是交流密切的概念。仪式是人们行为的过程，这一过程被高度制度化了，在固定的时间和地点重复地举行，其中象征成分是重要的组成部分，其中象征赋予整个活动更多的意义。《不

---

[1] ［美］R. 沃斯诺尔等：《文化分析》，李卫民、闻则思译，上海人民出版社1990年版，第140页。

列颠百科全书》对仪式进行了象征意义的解释:"仪式被看做规范化行为的一个类型,它象征或表现了某种东西,而且由此与个人意识和社会组织形成了不同的联系。"①涂尔干从研究群体和社会中的象征表达中断言,社会生活史的各个方面都是建立在一个广大的象征系统上的。格尔茨认为,仪式功能主要应该运用于对仪式的象征理论进行分析、解释,因为仪式能够引起人们的习惯、情感,进而影响人们的观念。英国文化人类学家利奇指出,仪式行为和信仰行为均为有关社会秩序的象征形式。仪式,即象征模式,在此形式中唤起和呈现制约成员的基本秩序。特纳通过对恩登布人仪式研究发现,仪式是程式化的过程,其构成单元是象征物件和象征行为的组合。也就是说,人类学普遍地将仪式作象征主义的阐释。当然,仪式的范围不能泛化到所有的人类活动,它是不断重复的,在文化和社会意义上被标准化了的,从根本上是象征人类的活动和行为。②"象征在仪式中的作用在于,它保证某种情感的宣泄,它满足了构成社会的大多数个人的需求并支持着社会的主要制度。"③

一 象征的概念

象征的概念广泛存在于人类生活的世界里。在奴隶社会,女

---

① [英]奥菲多·鲍伊:《宗教人类学导论》,金泽、何其敏译,中国人民大学出版社2004年版,第176页。

② David I. Kertzer, Ritual, Politics, and Power, Yale University Press, 1988, pp. 8—9. 转引自邓少岭《法律:仪式与戏剧》,《清华法学》(第二辑),清华大学出版社2003年版,第77页。

③ [英]菲奥纳·鲍伊:《宗教人类学导论》,金泽、何其敏译,中国人民大学出版社2004年版,第177页。

人踝上的环，表明她是个奴隶；在西方婚礼上，新娘手指上的戒指象征永恒；基督教圣餐上的红酒和面包，象征耶稣的身体和血；伸出食指和中指的手势，象征胜利的意思；等等。象征是文化的建构，但是象征的意义不是固有的，它并非来自事物本身，而是放在与它相关联的象征意义中，共同构成一个象征的体系，其表达的意义才能被理解。那么，究竟什么才是象征，它又有哪些特殊性呢？

"象征"是非语言性的符号概念，它往往指具有表达精神对象功能的具体形象物。从词源上看，象征是表示人身份的符征、命相学中的征兆或下层社会中的暗语记号等。在这样的用法中，"象征"有两个特点，一个是它为具体形象的事物，另一个是它有代表作用。从近代科学兴起以来，这个词不仅包括数学记号，而且包括各种科学图表和标记，其原始的具体性和形象性已不是必需的了。在人文思想史上，"象征"也是使用广泛的词，它可指在任何文字的或非文字的文本中，用于表示间接的、隐蔽的、深层的、关系性的所指或意义的文化标记。此时，在某种文化环境或语境中，某种物件和形象，某种情境或情节，某种观念思想，成为表达另一种意义的手段。象征作为人类文化的一种信息表达模式，它通过人们类比联想的思维方式，以某些客观存在或臆想中的事物，来反映其内在的意思，表达特定社会人们的观念意识、心理状态、抽象概念和各种社会文化现象。[1] 象征的理论通过分析人类社会不同群体中各种象征系统的结构内容，进而研究象征在人类社会中具有的特殊价值和重要作用。

---

[1] 李幼蒸：《理论符号学导论》，中国人民大学出版社2007年版，第525页。

二 仪式的象征体系

符号学家李幼蒸认为，象征现象包括象征物件、象征意义、象征方式和象征环境等。[①] 笔者在此观点基础上，将仪式现象解释为象征意义的体系，并认为是由象征符号、象征意义和象征方式三个方面组成的有机体。其中象征符号是象征体系的表现形式，它们以外在的、可感知的具体事物为存在形式，是储存象征意义的载体，起到传递信息的作用，属于象征体系中的外层结构。而象征意义则是象征符号内涵的表达，它是将隐含在象征符号之中而被人们感知的文化信息和符码传递出来，表达了人们对特定事物的情绪、感受和动机，属于象征体系中的内在结构。象征方式是象征符号表达象征意义的方式，即人们如何使用象征符号，使其隐藏的意义能够为人们所体验和感知的方法，是连接象征符号和象征意义的媒介，它是象征系统的运作结构。象征符号是象征意义的表现形式，象征意义是象征符号表达的内容，象征方式是连接象征符号与象征意义的桥梁，所以象征体系的三个组成部分相互依存、不可分割，共同在社会结构和社会进程中发挥功能，要了解这个体系的作用原理，需对三个组成部分展开研究，以下笔者将加以分析。

（一）仪式的结构：象征符号

正如涂尔干所言，"社会生活的所有方面，在其历史的各个时期，都只有借助庞大的符号体系才会成为可能。"[②] 一个符号，

[①] 李幼蒸：《理论符号学导论》，中国人民大学出版社 2007 年版，第 528 页。

[②] ［法］爱弥尔·涂尔干：《宗教生活的基本形式》，渠东、汲喆译，上海人民出版社 2006 年版，第 220 页。

是一种已知事物类似的缩略表达。人们必须学会透过象征符号来看该象征符号所表征的内容，并赋予的象征符号现实的意义。德国哲学家恩斯特·卡西尔视符号概念为其核心概念，并用符号功能说明各种符号形式，并成为其哲学理论研究的中心。他认为，人就是符号的动物，文化是符号活动的现实化和具体化。正是符号活动在人与文化之间架起了桥梁，形成了人的哲学——符号形式的哲学—文化哲学的体系。[①] 这样，人创造符号的目的是为了把一个复杂事物通过简单的形式表达出来。在索绪尔的术语系统中，"所指和能指是符号的组成部分。能指，是被感知的表现事物的简单形式，构成符号的表达面；所指，则是符号所代表或指称的事物，构成符号的内容。一个符号是在本义之外还可以在思想中表示其他的东西。"[②]

仪式象征符号具有符号的浓缩性特征。用一个简单的形式表示许多事物和行动。仪式有明确表达的目标，象征符号可以说是达到这些目标的途径。正如涂尔干所言说的，"人们还必须透过符号，找到它所表现并赋予其意义的那个实在。最野蛮和最古怪的仪式以及最奇异的神话，都传载着人类的某些需要以及个体生活或社会生活的某个方面。"[③] 与动物仪式不同的人类仪式特征在于象征性。人类学家特纳从时空过程的视角认为，象征符号是仪式中保留着仪式行为独特属性的最小单位，它也是仪式语境中

[①] [德]恩斯特·卡西尔：《人伦》，甘阳译，上海译文出版社2008年版，第10页。
[②] [法]罗兰·巴尔特：《符号学原理》，李幼蒸译，中国人民大学出版社2008年版，第22页。
[③] [法]爱弥尔·涂尔干：《宗教生活的基本形式》（导言），渠东、汲喆译，上海人民出版社2006年版，第2页。

独特结构的基本单元。另一位象征人类学学者格尔茨也重视象征理论在阐述仪式功能时的重要地位。他认为,象征符号是可感知体系的表达,可以形成固定的经验概括,是决定、希望、思维或信仰的具体化。① 在仪式中人类存在的客观世界与理想的神圣世界通过一系列象征符号体系得到交流,乃至融汇为一个世界。一个象征符号必须被置于更广阔的语境中,也就是置于组成了某一特定仪式的整个象征系统中去看待。

笔者将象征符号概括为,是仪式语境中的物体、行为、关系、事件、体态和空间单位。它在本质上是社会过程的一部分,是社会行为的一个因素,是行动领域的一股积极力量。正如维克多·特纳所描述的那样,"象征符号和人们的利益、意向、目标和手段相关。在行动的语境中,象征符号的结构和属性是动态实体的结构和属性。"② 所以,仪式中的任何物件、行为、情态,只要它能表达超出自身含义的其他意义,都可以视为仪式的象征符号。

在象征符号与仪式的关系中,维克多·特纳认为,象征符号是仪式的最小单位,它保持和维护着仪式的特殊性……并构成仪式语境特殊结构中的终极性单位。③ 探究仪式的符号结构基本的路径是从物质的客观性和心理的或直觉性的角度进行探讨。有学者认为,仪式的整体由许多不同的要件构成,"它大致可以包括:

---

① [美]克利福德·格尔茨:《文化的解释》,韩莉译,译林出版社1999年版,第176页。
② [英]维克多·特纳:《象征之林——恩登布人仪式散论》,赵玉燕、欧阳敏、徐洪峰译,商务印书馆2006年版,第19—20页。
③ 同上书,第29页。

仪式空间、仪式时间、仪式对象、仪式的声音和语言、仪式行动、仪式确认。"[1] 笔者将仪式符号的具体形式概括为以下三种：（1）物质形式的符号，如器具、服饰、发饰、建筑物等；（2）行为形式的符号，如动作、手势、舞蹈、行动等；（3）语言和声音形式的符号，如朗诵、咒语、歌唱声、呐喊声、乐器敲击声等口语或文字的形式。这些符号的形式是可更直观地概括为视觉形式和听觉形式的。概言之，仪式就是符号的聚合体。仪式是由象征符号构建起来的，通过物质形式、视觉形式和听觉形式来感知这个世界，象征符号是仪式结构的基本构成元素。

（二）仪式的价值：象征意义

由于人类发明了语言来界定和命名自然界和人类社会不同的事物和现象，因此，语言、文字是表征不同事物和现象的符号，这样的符号就具有意义表达的意指功能。从符号学的意义看，符号的意指作用可以被看做是一个过程，它是把能指和所指结成一体的行为，这个行为的结果就是符号。[2]

仪式中，符号的直接价值是人们可以感知的形式来表达抽象的意义，而表达此种意义的符号及其意指功能是在社会历史变迁过程中约定俗成的习惯抑或是被人为附加的。在社会成员中间，我们发现，对于社会成员所赋予不同类型的仪式价值是社会成员公认的、既定的社会价值。仪式的价值存在于每一个已知的社会之中，从这个社会到那个社会，仪式价值会呈现出极大的差异。可以说仪式的象征意义具有社会性。同时，仪式中的非语言符号

---

[1] 彭兆荣：《人类学仪式的理论和实践》，民族出版社2007年版，第209页。
[2] ［法］罗兰·巴尔特：《符号学原理》，李幼蒸译，中国人民大学出版社2008年版，第34页。

占很大比例，这些符号表达着象征所隐含的意义，而且这些隐含的意义是封闭地存在于仪式参与者的思维中，只在仪式进行的特定时空中存在。也就是说仪式的符号价值只在特定的社会成员之间体现。总之，仪式价值在符号的象征意义中体现，并封闭地存在于特定仪式参与者的主观意识中。

根据特纳的象征—仪式理论，从象征—仪式有各种不同的意义解释，并且综合了人的心理情感和社会结构中的规范和价值观，学者将仪式的象征意义概括为以下三个层面："注释意义，即被研究者本身的解释；操作意义，即象征在仪式场合中的运用；方位意义，即象征为其他象征体系所决定并与其他象征形成体系这一特征。"① 根据学者对特纳对上述象征意义的解释，笔者认为其出发点是仪式参与者的解释、仪式结构的对应性和不对称性的具体操作以及象征意义体系在较大社会—文化系统中的位置。

在对象征符号解释时需要主客观相结合。一方面，解释的客观性把仪式置于意蕴丰富的场域背景中，描绘这个场域的结构和

---

① 首先所谓"注释意义"包括一般仪式参与者和专门的仪式组织者的解释，指的是对宗教信仰、仪式和象征的原生解释。例如，信仰、仪式和象征的来历、关系、社会、超人力量等。通过对仪式参与者、组织者和记录者的调查，可以探讨特定的信仰、仪式和象征所代表的观念形态。其次，所谓"操作意义"，指的就是"仪式层面"。按照特纳的观点，仪式是一种"社会戏剧"，表现社会关系的过程。同戏剧类比，仪式的具体操作程序一般分为三个阶段，即结构—反结构—结构的过程。换言之，仪式刚开始总是将参与者按照日常生活中社会结构中的分层关系加以严格的安排，使之符合"结构"的基本规范和价值观。发展到仪式的中心期，参与者的社会角色便消失了，他们之间的差异被暂时排除，成为一个共同的社区。到了结束阶段，参与者在社会结构中的位置得以再一次肯定，恢复到日常生活的社会角色。最后，所谓"方位意义"指的就是象征—仪式的这一系统性于社会结构的意义。详见王铭铭《社会人类学与中国研究》，广西师范大学出版社 2005 年版，第 133 页。

特点。因为在我们对仪式符号的象征意义进行解释时,首先必须思考,人们对它做了什么,是谁做的,为谁做的,也就是象征符号出现的这个场域语境,并用正确的理论框架来表述它。这个"场域的语境"可能包括我们观察到的表演仪式群体的结构,它基本的组织原则和持久性的关系,还包括现存的利益或权力的分配。概言之,观察的视角从最宽广到最狭窄的重大行为语境中去慢慢接近象征符号的行动意义。另一方面,每一个仪式参加者都是从其自身独特的观察点出发来看待仪式的,也就是对仪式象征符号意义解释是带有主观性的,他具有自己的"结构主义视角"。参与者的行为被许多依其位置而定的利益、目的和情感所左右,这会影响他对整个情形的理解。阻碍他达至客观认知。另一个更为严重的障碍,是他倾向于把仪式上公开表达或象征着的思想、价值和规范看成不言自明的、基本的。[1]

(三) 仪式的隐喻:象征方式

隐喻是通过对一种表象(物质、语言、行为等)的呈现或表达以传递另外一种意义和意思。它属于符号转换的一种重要表述手段。当把仪式作为一个意义的体系,可觉察出一个特定仪式的公开的、表面的目标和意图中隐藏着的,不被公开承认的,甚至是"潜意识的"愿望和目的,同时我们会意识到,公开的和掩藏的、明显的和潜伏的意义模式之间的关系很复杂。可见,仪式中包含了大量的隐喻,仪式的隐喻属于象征表达的范畴,而仪式本身作为一个整体,是所有象征符号的构成体系。仪式的象征意义

---

[1] [英]维克多·特纳:《象征之林——恩登布人仪式散论》,赵玉燕、欧阳敏、徐洪峰译,商务印书馆2006年版,第26页。

的传达是通过隐喻来完成的。仪式,在某种意义上说,也就成为象征的隐喻性陈述。

象征方式,具体化为象征符号的隐喻意义在仪式中的表现方式,也可理解为仪式中象征符号意指功能的发挥过程。人类创造符号的目的是使用它,而使用符号的过程,就是符号的意指功能发挥作用的过程,也就是仪式的象征意义表达的过程,是仪式符号意义表现的过程。在仪式中,现实世界与想象世界借助一套符号体系混合起来,变成相同的世界,从而在人的真实感中制造出独特的转化。[1] 更为重要的是,主导上述进程的主体是符号的使用者——人。因此,这个进程所涉及的主要关系是仪式符号与符号使用者之间的关系。

隐喻作为象征文化符号的一种表述在仪式中是普遍存在的,它"是用具体来描述抽象,获得表达的古老而又基本的方式,也是人们由此及彼以扩张自己认知和表达能力的基本途径"[2]。在隐喻实现的过程中,意义通常便会更加清晰准确地表现出来了。在特定的文化体系中,符号不能单独地表达意义,它需要在具体的时空或情景中被解读。这样的仪式是由语言和行为构成的双重过程。以人类学家特纳考察的赞比亚恩登布人的仪式为例。他在象征主义仪式理论中将仪式符号划分为结构性的成分和可变的成分,前者称为"支配性象征符号",它们倾向于自身成为活动的目的;后者称为"工具性象征符号",它充当实现特定仪式的明

---

[1] [美] 克利福德·格尔茨:《文化的解释》,韩莉译,译林出版社1999年版,第138页。

[2] 周星:《灯与丁——谐音象征、仪式与隐喻》,转引自王铭铭、潘忠党《象征与社会——中国民间文化的探讨》,天津人民出版社1997年版,第6页。

确或含蓄的目的的手段。其后将工具性象征符号划分为两极，仪式中与普遍的人类情感经验有联系的、极具有生理学特征的所指对象聚集在一极，称为"理念极"；而仪式中控制社会结构的道德规范和原则的所指对象则聚集在另一极，称为"感觉极"。概言之，一个简单的象征符号既表现人们所欲求的东西，也表现强制的东西。特纳将这两极视为仪式符号象征意义表达的过程，即象征的方式。即在仪式表演令人兴奋的情境中，在参与者的心灵里，"理念极"和"感觉极"这两种品质会发生互换；感觉极聚集了那些被期望激起人的欲望和感情的所指；理念极则能使人发现规范和价值，它们引导和控制人作为社会团体和社会范畴成员的行为。这是通过这两极的表达，完成了人与象征符号之间的交流，即将仪式符号的象征意义以此种手段发挥其作用，也就是仪式中隐喻起作用的方式。

从另一个角度分析，在仪式的符号结构中，人们之间通过语言符号的使用进行沟通、交流，即由说话人表达、展现和接收者倾听、接受组成的，形成人与人之间互动的行为。在仪式的符号体系中，除了包括语言符号之外，还包括象征性的符号，如服饰、器物、动作、姿势等物质符号，这些符号在限定的文化范围之内与语言符号发挥着相同的作用。当然，仪式的类型五花八门，除了人类之间交流的互动仪式外，还存在人与超自然主体之间的互动。例如：祭天仪式、祷告仪式和宗教仪式等与神秘世界之间的交流方式。在上述类型的仪式中，仪式参与者是象征符号的表达者和传递者，而符号意义的接收者是神明。此时的神明是仪式参与者根据社会现实和心理需求而虚拟出来的，是存在于人们主观意识，具有象征意义的符号，且这种超自然对象存在于特定范围之内,即在仪式之外的人的思想中并不存在。换句话说,仪式参与者处于仪式交流的两极,既是符号的执行者和传递者,同时也是符号的倾听者和接受者。更确切地说,此时仪式的参与者使用符号进行交流的目的不是为了被倾听和被接受,而是为了体验、感知符号的象征意义,即通过符号内在的隐喻来抒发内心的情感和心情。可见,仪式的互动活动是通过象征符号使人们展现意义和接受意义,也就是仪式符号特殊的象征方式。

不难看出,以上人类学的仪式理论是从象征人类学和文化人类学的视角进行的,其基础都是功能主义的阐释。① 概言之,仪式是与人的行为、象征、符号、情景等词语紧密相连的,人类学的仪式的概念是一个巨大的话语系统,用一两句话来概括是件违反其意指的事情,因此对仪式作多元化、多视角的理解更能揭示其本质。仪式的内涵应当是一个动态的社会行为系统,它与象征紧密相连,并外化为具有象征意义的符号系统。它可以是特殊场合情境下庄严神圣的典礼,也可以是世俗功利性的礼仪、做法,或者亦可以将其理解为被传统所规范的一套约定俗成的生存技术,或由国家意识形态所运用的一套权力技术仪式行为。

---

① 这里将"功能主义"做广义理解,包括狭义的功能主义和结构—功能主义。前者主要涉及与罗布尼斯拉夫·马林诺夫斯基等的理念。其关注个人行为、需求。后者更多关注个体在社会秩序中的位置,关注社会秩序本身的建构。主要代表者为拉德克里夫·布朗等。本书的论述视角为结构—功能主义。具体的论述参见[英]阿兰·巴纳德《人类学历史与理论》,王建民、刘源、许丹译,华夏出版社2006年版,第65—85页。

第三章 司法仪式的理论界说

前一章分析了仪式的概念、特征和功能等理论，接下来将在司法的语义中，分析司法仪式的概念和特征等基本理论内涵。

第一节 当代中国司法仪式研究的逻辑必然

我们之前分别梳理司法和仪式的理论，而司法仪式的内涵呼之欲出，但在探究司法仪式的概念之前，必须讨论一个前设性的问题，即探讨、研究司法仪式的概念对当代法治建设有何重要的意义？也就是当代中国司法仪式研究的逻辑必然性问题。

一 法治形式合理性的必然要求

亚里士多德作为法治的经典论述者指出，法治的两重意义，已制定的法律获得普遍的服从，而大家所服从的法律本身是制定的良好的法律。人们对制定的法律如何产生服从的心理状态。这一方面要求外在，即法律必须是制定的"良好的法律"；另一方面要求内在，即公民具有守法的精神，人们将法律内化指导其行为。上述内外相互融合的标准,正是法治成为社会治理模式的要求。而中国现阶段法律的制定经过了法制建设已经初具规模,而另一标准法律内化问题成为构建法治社会所面临的更为复杂和长期的存在。社会体系的内在的价值是现代司法最核心的内涵,而司法的终极目标就是追求正义。同样,在法律的规则体系中,法律的最高价值和终极目标是公平正义,而"正义要被伸张,必须用看得见的方式伸张"。这就必须涉及程序问题,即程序正义。在每一次的具体诉讼程序的运作过程中,"公正"最直接地表现为司法的正义、程序的正义,也就是正当的程序。形式上,诉讼程序是审判的过程,是公正和效益的负载物,法律直接的表现为具体诉讼程序的运行。同时,人们对法律的正义和权威等价值的感知和体验也是从能看得见的程序开始的。

可以说,在法律运行过程中,仪式意义就在于此。通过一些可以被人们直接感知的生动外部形象,使其具有人性化的感性色彩。相反,法律如果一味地诉诸理性,试图建立一个逻辑严谨的理想世界,那也是不可欲求。此时,法律也不得不求助于理性之外的力量,以获得人们内心的确信。诸如真善美的天性、约定俗成的习惯、对生命存在的感悟……那些难以言说的人的内心体验,都可以在仪式中被深深地感受到。因此可以说仪式化的程序不仅使理性得以形象化,同时也在理性之外,为法律注入了另一种生命。司法仪式就是这样的看得见的正义。

二 有益于法律职业共同体的形成

法律职业者,是一个特殊的群体,他们有共同的知识背景,研习相似的技能,也就形成了同样的思维逻辑结构。在他们之间需要一种对彼此的认可，否则无法形成职业背景的对话。而司法仪式恰好能承担这样的任务。它能够推动法律职业共同体的形成和发展，即一个具有相同的知识背景、相同的思维方式、相同的正义信念、相同的法律行为准则的职业文化共同体。同时，创造出共同的对话语境和心理认同。这样，在司法仪式中，诉讼参与的主体在特定的规则下就能够扮演好自己的角色，当他们都能很好发挥自己的职能时，司法审判的效果才能达到最佳。

司法的内部结构不可避免地会涉及以下四个方面：一是主体要件，即司法仪式的参加者，是展演司法仪式的"主角"。二是活动场景。司法角色和当事人解决纠纷所赖于进行的物理场景，如法官穿着的服饰，在法庭上使用的法槌，法庭特有的布局设计，还包括诸如开庭程序、严格的出场顺序等。三是司法过程中的程序，即司法仪式运行的步骤、顺序。四是最终的审判结果。作为树立司法权威最起码要考虑的一个重要方面，司法仪式在权威的辐射领域内，需要价值认同，也就是在司法权威的支配方和被支配方意志达成的统一。在司法权运作的过程中，法官是司法权威的直接载体，他有时甚至直接决定着司法权威。法官代表了国家审判权，这就要求他自身的职业行为须具备司法的公信力。因此，通过制度化的司法仪式来规范包括法官在内的司法活动参与者的言行举止，有利于司法仪式参与者通过一定形式如服饰、言行、宣誓等意识到自己的职业责任，从而对法律产生一种神圣的感情，进而公正地运用法律，用职业道德和职业纪律制约自己的行为。总之，法律职业共同体成员间的相互认可和司法裁判的权威性，能够得到公民的尊重和认可。

三 国际化背景的要求

随着经济全球化进程的加快,各国间的交往也日益密切,开展了从政治、经济到文化的全方位国际交流,这对于中国正在进行的司法改革来说,既是契机也是一种新的挑战。从警察制服替换下军警制服到法官穿上法袍,我们可以看出这些是司法制度国际化的变化,这也表明中国在积极构建与国际司法文明相适应的新型司法制度。随着国际间交流日益频繁,越来越要求各国必须站在同一个平台上,司法领域亦是如此。试想,穿着军警式制服的司法官同外国穿着法袍的法官对起话来,是否会有一种说不出的不协调呢?法律全球化带来的大趋势,是东西方司法文化、制度的交流和碰撞,最终会带来共同进步。当然,中国司法与国际接轨的同时,既要维护国家的主权,还要考虑到国内法律主体的司法需求,也就是说司法仪式的内容不仅仅是移植国外的法袍、法槌等简单的形式主义,更需要与中国本土文化融合。

综上,人类生活的日常世界都是通过一系列符号体系表达的,也是通过仪式来展现的,包括人的观念、意识与精神及其价值意义的确立,人的生活的社会规则、风俗、习惯的形成,人的生活的社会制度与体制的选择,人的生活之社会组织结构与政府机构设置。[①] 仪式的本质是社会行为,是人的活动,是人内心信仰认知模式的外向延伸,是发生在特定场合、时间、地点、按照

---

① 姚建宗:《法治:符号、仪式及其意义》,《河南省政法管理干部学院学报》2000 年第 2 期。

既定的程序和方式、为特定群体进行的具有象征意义的活动。从人的本质的视角，法治与仪式是有着天然的联系，法治的产生、存在与发展，都是基于人的实践活动，是以人为中心展开的。据此意义，"法治的生成与实践展开，必然表现为以法的规范、制度与组织及其运作为中心的一系列特殊的公共话语、符号与仪式；并且，上述以法律的存在与运作为中心的公共话语、符号和仪式，也必然会呈现出法治发达的程度及其真实的意义来。"[1]因此，在我国推进法治建设的背景下，分析考察我国既存的与司法的存在及其运作密切相关的司法仪式，探讨其意义指向、价值追求以及其与法治的内在精神与原则的契合情况，研究其可能的修正以使司法仪式充分表达并践行法治的精神原则与价值意义，这本身就具有重大的理论与实践意义。

第二节 司法仪式之解读

讨论了司法与仪式的理论之后，让我们对司法仪式这一概念进行深入的研究。我们在探讨司法仪式概念本体之前，首先需要梳理一下司法仪式已有的理论研究成果，然后揭示司法仪式内在的规定性，这样讨论司法仪式的概念才是清晰、完整和恰当的。

一 问题和立场

国外的资料表明，既有的研究更多集中在运用社会学和人

---

[1] 姚建宗：《法治：符号、仪式及其意义》，《河南省政法管理干部学院学报》2000年第2期。

类学的分析方法之上,在对仪式结构的内在要素,如审判仪式中的假发、服饰、道具等的研究之上,以有益于司法的技术层面的运作和司法制度构建为视角,缺乏系统性的理论分析。其中最早关于法庭仪式的权威著作要算是哈格雷夫·曼斯勒(W. N. Hargreaves - Mawdsley)的《十八世纪前的欧洲法庭服饰史》(*A History of Legal Dress in Europe until the End of the Eighteenth Century*)一书。他研究了13世纪至15世纪的意大利法庭服饰演变的历史,甚至将研究对象扩展至法国、英国等欧洲地区、日耳曼语系国家、低地国家、斯堪的纳维亚半岛。该书以展现欧洲法庭服饰的历史变迁和各地区之间的差异为主要目的。[①] 还有类似的历史评述,如 W. N. 哈格里夫斯—莫兹利:《欧洲法袍史》(*History of Legal Dress in Europe*)。在《"你为什么戴假发?":澳洲南部法庭礼节的变迁》一文中,约翰·爱默生(John Emerson)采用社会人类学家的视角,分析了澳大利亚南部地区法庭戴假发的起源,法袍的颜色和质地在两个世纪中的变化过程,以及女性法官的出现对法庭礼节的影响。[②] 还有对司法仪式的内容进行反思批判的文章,如查尔斯·雅哈本(Charles M. Yablon)在《司法道具》(*Judicial Dray*)一文中对法袍、假发等司法道具的历史与现状进行讨论,并对司法道具进行了激烈的批判,他认为司法道具是法律职业共同

[①] W. N. Hargreaves - Mawdsley, A History of Legal Dress in Europe until the End of the Eighteenth Century. Oxford. England: Clarendon Press, 1963. 参见巢志雄《司法仪式的结构与功能》,《司法》(第3辑),第93—96页。

[②] R. J. Schoeck. Reviewed Works: A History of Legal Dress in Europe until the End of the Eighteenth Century by W. N. Harqreaves - Mawdsley. Speculum. Vol. 39, 1964. pp. 534—535.

体"愚蠢而可笑的把戏"。① 斯凯勒·加曼（Schuyler Cammann）在《清朝法袍与官服的起源》（*Origins of the Court and Official Robes of the Ching Dynasty*）一文中分析了具有象征意义的法袍、官服与社会文化的关系；主要将中国明、清两朝的法袍、官服分别进行比较，分析清朝统治者改革法袍、官服的原因——参照明朝的官服样本改良法袍和官服，以彰显清朝统治的正当性。② 笔者认为，以上研究启发了以下三个层面的思考：其一乃宏观层面，即政治、司法与文化认同的关系；其二乃中观层面，即政治统治、司法权威与官服、法袍的共生；其三乃微观层面，即法袍、官服的象征含义对司法、政治权威的正当化功能。

国内学者对司法仪式的研究主要是伴随着探讨如何建设法治社会这一命题展开的。最初学者们并不严格区分法律仪式与司法仪式。比如将司法仪式视为是法庭的规则，而法律仪式是程序上的设置。③ 更进一步的研究是以司法为中心来观察、分析和思考我国法律实践的仪式，将其视为法治精神和原则的内在体现。其中姚建宗教授从法治的视角分析，将仪式视为法治的现实载体之一，是与法治的共生，并且以法治的规范、制度与组织及其运作为研究的中心。④ 还有季金华教授将司法仪式作为司法权威确立

---

① Schuyler Cammann, Origins of the Court and Oficial Robes of the Ching Dynasty. Artibus Asiae, Vol. 12, 1949, pp. 189—201.

② Charles M. Yablon, Judicial Drag: An Essay on Wigs, Robes and Legal Change. Wisconsin Law Review No. 2, 1995, pp. 1129—1153.

③ 刘旺洪：《法律意识论》，法律出版社2001年版，第328—333页。

④ 姚建宗：《法治：符号、仪式及其意义》，《河南省政法管理干部学院学报》2000年第2期。

时必须考虑因素之一。他认为,"司法仪式是法律规则权威和司法判决权威的中介,司法的权威性和神圣性通过法律规则的形式化运作得到体现和延伸。"[①] 还有学者将司法仪式作为构建法律信仰的载体,即从建立司法仪式开始,确立法律信仰,进而构建法治社会[②]。还有的在法文化视阈中研究司法仪式[③]。最近学者们逐渐意识到只是站在法治改革的角度研究司法仪式可能具有局限性,因为仪式本身是社会学和人类学的经典问题,所以开始从多维视角来阐释司法仪式。例如从仪式的结构来讨论司法仪式的构成和功能。[④]

综上,研究的视角虽然较为广泛,但是忽视了司法仪式的构建的基础,缺乏深入系统的研究,仅停留在提出相关制度建构的设想,而缺乏对司法仪式的改革理论基础的阐述。同时,对司法仪式本身并没有给予足够的关注,使研究无法对司法仪式结构的多层次性和复杂性作深入的探讨。由此,笔者在人类学仪式理论的基础上,以司法权的运作为依托,探讨司法仪式的结构和功能,将司法仪式作为一个体系进行适时适度的分析。

---

① 季金华:《司法权威论》,山东人民出版社 2004 年版,第 180 页。
② 李永源:《中国法律仪式和法律信仰的构建——以法袍、法槌的引进为例》,《法制与社会》2007 年第 10 期。
③ 李拥军、易玉:《司法仪式与法律信仰主义文化的建构》,《江苏行政学院学报》2004 年第 6 期。
④ 巢志雄:《司法的结构和功能》,《司法》(第 3 辑),厦门大学出版社 2008 年版,第 94—102 页。

二 司法仪式的界定

仪式被界定为一系列动态的社会行为，并外化为具有象征意义的符号系统。作为仪式的一种特殊形式，可以说司法仪式不是文化中的观念和意识形态，而是符号形式和行为形态。在特定的司法仪式中，法律的公平正义也就需要有一个途径来表达，在法庭这个封闭的场域内，蕴涵象征意义的符号和行为包括：法庭的空间布局以及庄严肃穆的法庭建筑的风格，象征化的法袍与法槌等法庭器物，法庭所有参与者肃穆的表情、语调和法律专业语言，严格的法庭纪律规则，固定的庭审规则等，这些都使得司法审判时法律关系的展开必须依照"法律神圣不可侵犯"、"法律面前人人平等"等现代司法的法治原则来进行运作。本书中的司法仪式是指在法庭封闭的场域内，依照既定的一系列规则和程序，将司法权型构出来的符号体系和行为状态展演的过程。

笔者认为，司法仪式的概念应包含以下具体规定性：

第一，司法仪式是司法过程中的仪式。即以司法权为基础，在法庭审判过程中表达象征法律精神和价值的符号所构成的一个系统。首先，司法不仅仅是一种权力运行的机制，它还是一种体系。因此，司法仪式也是一种系统的仪式，它由结构、制度、功能等一系列的要素构成。其次，司法仪式与法律仪式是紧密相关，又不能等同的两个概念。法律仪式的外延范围大于司法仪式，可以涵盖所有法律仪式性的运行过程，比如法官的就职仪式、行政强制措施的仪式等。而司法权仅限于时空范围内，主要是法庭审判的过程中。但不容忽视的是，两者之间又是紧密联系的：一方面，司法仪式是法律仪式的延伸和实现。从法律运行的不同阶段的角度界定法律仪式应包括：立法领域的仪式、执法领域的仪式、司法领域的仪式。可以说，司法仪式是法律运作时秩序、正义价值的体现以及促进法律内在精神意蕴的表达。另一方面，法治社会的内在精神价值首先体现在司法领域。因为司法权是权利保障的最后一道屏障，而确立法律的权威和信任也直接表达为最终法裁断的结果。可以说，司法是法律公平正义的表现形式，所以司法的程序性和仪式化是法治价值的体现。当然这里并不是说司法仪式是流于表面的形式化，而是要在规则和程序的背后让人们感受到法律的权威，培养内心对法律的信仰。

第二，司法仪式是历史性和共时性相融合的体系。首先，从司法仪式的构成要素看，是象征符号按照既有规则展演，是司法仪式的共时性。司法仪式中的符号该放在何处，都是在既定的规则前提下，严格而非随意地放置和安排，以形成一个相当严谨连续的秩序体系。在司法活动中，庄重的布局和严谨的仪式化过程对人们的心理会产生巨大的震撼，使其对法律，乃至司法的神圣、敬仰和信任之情油然而生。构成司法仪式的符号体系将司法的权威和尊严展示出来，不仅是对有利于社会的价值的法律理念的肯定，更为深层次的目的是唤起社会公众对司法公平、正义价值的信赖，乃至信仰的感情。其次，司法仪式是一系列行为的表述和时间的延续性传达，是历时性的。司法程序运行的过程就是把审判视为过程、即程序参与者相互作用的过程。具体来说，具有各自固有利害关系的当事人围绕着一个审判权，怎样去实现自己的目标。司法仪式是审判程序的重要层面，审判程序参与主体的行动推进诉讼按照案件的受理、开庭、庭审、判决等阶段进行，就是一个个片段化的仪式连接成的系统，它们彼此之间紧密而有逻辑地以先后次序铺展开来。最后，司法仪式的共时性和历时性是相互融合的。司法仪式是融合的体系，即纵向的时序安排与横向符号场景布设两个方面的形式集合，它们分别按照不同的法律抽象层面组织起来，使主体间相互制约，相互博弈。共同统构了一个立体的、多维的、动态的诉讼结构体系。法律符号在横向切面（共时性）的摆放、罗列都是基于既定性的空间方面的制度性编排；在纵向切面（历时性）的流程、使用和程式都是基于时间方面的制度性编排。

第三，司法仪式是具有包容性的制度。司法仪式是内涵丰富的，包括法官、检察官、律师等司法工作人员的特殊服饰、配饰，法庭审判过程中使用的器物，庭审过程中的语言和行为，法庭的布局以及证人宣誓，司法机关的建筑等。从更广泛意义理解，司法仪式甚至包括司法程序设置。因此，在探讨司法仪式时，视角应更为深入，不仅仅停留在相关法律制度的创设，还应该权衡其背后心理、文化传统等因素对司法仪式的影响。以司法仪式心理因素的考量为例，在司法权运作过程中，仪式化的符号和行为，沿着其特有的关系网络，渗透到审判活动的每一个角落、每一个人，进而使参与者在不知不觉中被一种神圣的、终极目的或权威表象所感染，进而对司法产生最初的印象，也是对司法形象最深刻、最直观的理解，对法律的评价结论也就顺理成章了。因此，司法仪式不仅仅停留在客观的物质形态上，更为重要的是其在参与者之间反复施行，能对人们的心理产生影响,进而在威严、信赖、庄重的情感支配下,尊重法律的权威,自觉践行法律。所以在对司法仪式的相关制度构建时应注意其复杂性。

三 司法仪式的特征

人是社会性的动物,因此在人的世界里,法律制度的设置和选择都是由客观社会决定的。在已有人类学的研究中,将仪式概括为象征性、表演性、戏剧性,并由文化传统所规定的一整套行为方式,它经常被功能性地解释为特定群体或文化中沟通、过渡、强化秩序及整合社会的方式。[①]而"法律上的事实不会是自然产生的,而是如人类学者会有的看法:它是由社会构造的,从有关证据的规定、法庭上的规矩礼仪和法律传统直到辩护的技巧、法官的辞令及法学院教育的墨守成规中的一切东西都是这种社会构造的来源"[②]。同样,司法仪式也是以一系列固定的程式和特殊的方法进行的。司法仪式在法律运行过程中,通过其独特的象征意义向人们表达法治的价值和精神意蕴,具有震撼人心的作用。我们不难找到其具有的戏剧性、象征性、隐喻性和神圣性。

(一)司法仪式的戏剧性

"戏剧,则是这一专门化发展了的艺术因素的总和,换句话说,戏剧是原始宗教巫仪艺术化、审美化的结果。"[③] 这种本源

[①] 郭于华:《仪式与社会变迁》,社会科学文献出版社2000年版,第1—3页。
[②] [美]克利福德·吉尔兹:《地方性知识——阐释人类学论文集》,王海龙、张家瑄译,中央编译出版社2000年版,第229页。
[③] 刘彦君:《东西方戏剧进程》,文化艺术出版社1997年版,第4—5页。

上的亲密性也延续到后来的仪式中。在论述宗教仪式含义时菲奥纳·鲍伊以亚历山大的观点说明:"仪式是按计划进行的或即兴创作的一种表演,通过这种表演形成了一种转换,即将日常生活转变到另一种关联中。"① 所谓仪式的戏剧性,是根据它运行过程中的表演性,参与者扮演着规定的角色,演出既定动作、情节,随着仪式的进程的展开,观众享受审美的感觉。审判程序,作为司法权运作的过程,也不可避免地打上了仪式这种戏剧性的烙印,"严格的出场顺序,誓言,致词的形式及表明场景的其他许多仪式而被赋予各自的使命、职责……每一个参与其中的人都强使自己的个性依从于法律程序的要求。于是,法律正义的崇高理念——客观、公正、一致、平等、公平——就被戏剧化了。"② 可以说审判是神圣而又富于戏剧性的仪式。所谓司法仪式的戏剧性是在法庭中,程序参与人按照法律已有的规则扮演既定的角色,并具有应有的地位和作用,然后遵循程序进行法庭审判。

司法仪式的戏剧性是在封闭的场域的"表演"。一方面,司法仪式是发生在法庭之中。法庭,是一个固定的空间,它分场内和场外,也分场上和场下,区分演员和观众,它不断地提醒人们应遵守的规范和秩序。③ 这是与人们的日常生活相分离的环境。这个"舞台"包括了法官、检察官、律师等法律职业人员,他们

---

① [英]菲奥纳·鲍伊:《宗教人类学导论》,金泽等译,中国人民大学出版社2004年版,第176页。

② [美]哈罗德·伯尔曼:《法律与宗教》,中国政法大学出版社2003年版,第21—22页。

③ 舒国滢:《在法律的边缘》,中国法制出版社2000年版,第84页。

是常态的职业行为，而对其他仪式的参与人来说，司法仪式是超常态的。因此，在当事人的日常状态向超常状态转变之时，仪式序幕才开始启动了，这时能够把法官、检察官、律师等引入仪式的舞台，与其他确立了诉讼地位的参与人共同"演出"。通过参与仪式中的每个人所进行的活动，让静止的"舞台"活跃起来，即由法庭布景、案件事实和与此相关的庭审氛围，构成了仪式"表演者"特别的背景。另一方面，在这场法庭活动的"剧场化表演"中，最重要的应该说是"演员"的角色问题。当法官、检察官、律师等司法工作人员和原被告人、法定代理人、证人等参与人在这个"舞台"上"演出"时，他们在司法仪式中既定的地位和身份，在固定的程序中展开的诉讼行为，目的是展示法律所追求的终极意义，即秩序、自由、正义等。司法仪式通过整合符号体系，规定参与人的地位和身份，他们的任何语言和行动都与其相关联的身份特征紧密相关，乃至从他们某一个细节动作都可以看出彼此间在舞台上如何表演的差异。这是一场仪式性的活动，更是参与人依照特定的身份性所赋予的既定角色的表演，而司法符号便是这场角色表演的工具。借用美国学者哈罗德·伯尔曼富有激情的语言来总结司法仪式的戏剧性特征，即它"是被深刻体验到的法律之庄严价值的戏剧化，这种戏剧化不仅是价值的反映，更是为了唤起把它们视为生活终极意义之一部分的充满激情的信仰。如果没有这个戏剧化的过程，那些价值便无以存身，意义尽失！"[①]

[①] [美]哈罗德·伯尔曼：《法律与宗教》，中国政法大学出版社2003年版，第43页。

(二) 司法仪式的象征性

仪式总是被高度制度化的，在固定的地点和时间重复进行，其中象征成分是整个活动的重要组成部分。仪式是在人类社会关系之中产生并传承着文化传统，它负载着人们的价值追求与精神理想，表达着人的思想、情感和感受，是人们之间必要的社会交流方式，是一种社会信息交流的载体，它促进社会公共心理的形成。象征意义和交流方式的载体正是符号，包括人与人之间互动的行为，是人们在对符号的理解与认同的基础上，使用符号表达其象征意义的过程。在司法权运行中，"仪式活动中器物更多扮演道具角色，它们既是仪式活动的对象，也是具有特殊法律意义的所指，而行为形态只有通过仪式活动揭示它的象征和功能，展示仪式所表达的意蕴"[1]。所以，司法仪式的象征性是指通过具有特定意义的符号布置和特定人使用的行为，表达隐喻性、抽象性的法律价值和精神。司法仪式的象征性通过以下特性表达：

1. 象征公共性

如果将文化活动视为人有组织、有目的的使用象征符号体系的活动，那么在文化形成的过程中就带有明显的社会公共性。所谓象征的公共性，是指大多数的象征符号反映了特定群体的公共的价值取向和心理状态，不同群体对所使用的象征符号会作不同的象征意义的解释。在法庭布置时，南美洲很多国家，法庭中悬挂有十字架，因为那些国家的国民基本上都信奉基督教，十字架的象征意义正如上帝在面前进行监督一样。这

---

[1] 易军：《诉讼仪式的象征符号》，《国家检察官学院学报》2008年第3期。

是当地共同的宗教信仰文化，体现了社会共同的价值取向和心态。就中国法院而言，在法庭正中悬挂国徽，这是代表国家权力的象征物，它意味着坐在下面的法官是国家权力的象征，他代表国家行使审判权；同时它使诉讼参与人体验到在司法仪式中的国家在场，国家权力监督着自己的行为。试想如果将两地法院中的国徽和十字架对调，这两种事物的象征意义将因为没有共同的文化认同，而不具有任何意义。所以在司法仪式中的任何器物和行为都是因为有象征的公共性，才具有了仪式的象征意蕴。而且仪式中的象征符号的布置和动态行为的表达都必须符合文化的公共性，才能向人们传达它所象征的法律内在价值和精神。

2. 象征的时空性

象征重要的载体是符号，它的意义与价值蕴涵在人类的社会关系之中，即通过人与人之间的互动行为加以展现，进而得到认知、理解和巩固。那么符号的象征意义和价值就直接存在于人类交往的时间和空间维度之中。即在以人为主体的时间维度和空间维度的场域下，人的行为或关系是运用、整合符号的过程，那么符号蕴涵的意义与价值的揭示与限定将会是正确而全面的。因为正是在这种场合之下社会活动主体对符号的使用才使符号具有了公共意义并表达着某种社会信息、社会价值、社会情感与社会态度。[①] 因此，负载符号体系的象征自然就具有了时空的特征。司法仪式是时空交错的二维体系，司法符号是一个体系，虽然表现

[①] 姚建宗：《法治：符号、仪式及其意义》，《河南省政法管理干部学院学报》2000年第2期。

形式不同，但是表达同一个象征意义。比如法官穿着法袍，头戴假发，在案件审理过程中敲响法槌，运用法言法语来裁断，这些符号共同向人们表达了法律的权威和司法独立的法治价值，也使人们感受到法律是公平、正义的。当然，这并不是忽略法律的实质正义。

3. 司法仪式的神圣性

司法仪式的神圣性与宗教有必然的联系。司法仪式的原初，因与西方宗教有天然的亲缘关系。因此在西方法律传统里，司法仪式具有宗教般的神圣色彩。人们参与到司法中，感受到法律的权威和神圣，于是将法律作为内心的信念和人生的理想，甚至是融入日常生活。以法庭装束为例，在英国，法官至今仍然保留着出庭穿长袍戴假发的传统，其中法袍象征法官思想上的成熟和判断的独立，并展示自己在心灵和信仰上的责任感。穿着长袍的传统源自牧师穿着的神袍，从长袍的功能上看，它象征着法律和宗教所共同的权威和神圣的形象。还有法官庭审时使用的法槌，也同样是借鉴宗教仪式中牧师使用的神槌。

司法仪式的上述特性紧密相关，不可截然分离。司法仪式的神圣性是戏剧性和象征性的归宿。在客观物质方面，仪式的戏剧性和象征性更为突出，它们强调仪式进行的进程和方式，并涵盖了其中运用的特殊物质、工具和标识。而司法仪式的神圣性则重视精神方面的表达，它隐含在仪式的戏剧性和象征性之中，象征仪式的特殊意义和价值、理念。司法仪式运行的目的是向人们传达崇高的公共意识、精神、理念，激发人们内在的信奉、信仰的感情，进而自觉约束自己的行为。司法仪式要表达的是法治的崇高理想和精神,当然只有当法官的身份、法庭的布置、器物、行为和语言等的象征意义真正契合了法治的要求,司法仪式的神圣性才会油然而生。而当人们体验到法律的高尚品质之时,就能够更深入地理解司法仪式的要求并自觉遵守。综上,在具有戏剧性、独立性和神圣性的司法仪式运行之下所作的裁判,无疑能够在人们最初的、内在的情感上树立司法的权威。

第四章　司法仪式的结构

在司法仪式进程中，"司法场域是一个围绕直接利害相关人的直接冲突转化为由法律规制的法律职业者通过代理行为进行的辩论而组织起来的社会空间。这些法律职业者具有共同的知识，他们都接受法律游戏的规则，即司法场域本身的成文法和不成文法。"[①] 也就是说，人们"进入司法场域意味着默认了这个场域的基本法，它要求在这个场域中，冲突只能以司法的方式来解决，也就是说，依照这个场域本身的规则和常规来解决"。[②] 司法场域是由司法权型构出来的空间，司法权威在此发生并得以行使，法律的实践也正是场域运行的产物。而司法仪式本身所欲表达的意义必须是通过司法场域组成要素明确地传递出来。司法场域使潜在的、先验的、抽象化的仪式内涵被物化、形象化。在司法仪式中的象征符号即被作为基本的表达工具。那么下文进一步研究司法仪式的构成要素究竟有哪些，它

[①] ［法］布迪厄：《法律的力量——迈向司法场域的社会学》，强世功译，《北大法律评论》，北京大学出版社1999年版，第518页。

[②] 同上书，第519页。

们有何含义。

第一节　司法仪式的构成要素

在讨论象征符号与结构的关系时,特纳认为,象征符号是仪式的最小单位,它保持和维护着仪式的特殊性质,并构成仪式语境特殊结构的终极性单位。这样,结构也就成了符号的构造,也就是说,它可以被看作在符号象征所赋予事物的特殊关系和指示。① 仪式是象征符号的体系。"在场域语境中,一个象征符号或一种象征支配看起来像是作为许多来自物理和社会存在的不同领域彼此聚会的许多倾向的结果而产生的。"② 法律是人类交往行动中的实践理性,它以实用为基本要求,因此法律是一种实用化的符号。对人类而言,任何符号都意味着某种规范。每种符号都代表着相应的事物。象征通过符号来表达某种意义,也就意味着必然会使人们对象征符号及其象征对象之间关系产生完全的不同理解。法律符号对实在对象不具有写实的意义,只具有象征意义。因此法律符号只是形式化、外化地表达象征对象的本真。司法仪式也同样由象征符号构建起来,从视觉形式和听觉形式感知审判程序,象征符号是司法仪式结构的基本构成元素。按照构成仪式中的符号形式不同,可分为以下三种:(1)物质形式的符号,如器具、服饰、发饰、建筑物等;(2)行为形式的符号,如动作、手势、行动等;(3)语言和声音形式的符号,如朗诵、器

---

① 彭兆荣:《人类学仪式的理论与实践》,民族出版社 2007 年版,第 232—233 页。
② [英]维克多·特纳:《象征之林——恩登布人仪式散论》,赵玉燕、欧阳敏、徐洪峰译,商务印书馆 2006 年版,第 42 页。

物敲击声、口语或文字等形式。因此笔者将司法仪式中不同形式的象征符号整合为服装和配饰、器物、法庭布置和司法活动中的行为、语言等象征符号，它们共同构成了司法仪式的结构。

一 司法仪式中的服装、配饰

（一）服装和配饰

法袍的最初使用大约源于中古的"戴罩法院"[①]，早在 11 世纪，穿法袍的传统已普遍存在于瑞士和德意志部分地区，后来由英国承袭并发展起来。14—15 世纪，欧洲有等级和职业纪律的有组织的法律行业逐渐开始形成，大约在那时，教士从普通法院消失，从此法官和律师开始在法庭上穿一种久为人知的与众不同的服装。[②] 在英国，不同时期的法袍及配饰也经历了不同的发展阶段。法官从最初的戴面具发展到穿法袍、戴假发或戴帽子。其中最为明显的是法袍的颜色、款式、配饰的变化，它们会因为法庭所在区域的不同、法院级别高低、季节变化和案件的性质的不同，而呈现出复杂的变化。例如，"在日常审理案件时，高级法官和大法官都要穿黑色长袍、戴假发；首席法官和高级法院法官在冬天审理民事案件时穿红色貂皮长袍，夏天审理民事案件时则穿黑色绸袍；审理刑事案件时则不分冬夏一

---

　　① 在古代西方，法官审案都是以皇帝的名义开庭，即"代天行令"，审案时都要戴上面具以掩俗貌，从而显示威严。所以把这种法院叫"戴罩法院"（Fehmgerichtel hood‑ed courts）。这种法院审案虽以皇帝的名义进行，但它又不受皇帝的控制，所以又称自由法院。详见［英］戴维·M. 沃克《牛津法律大辞典》，上海与科技发展研究所译，光明日报出版社 1988 年版，第 340 页。

　　② ［英］戴维·M. 沃克：《牛津法律大辞典》，上海与科技发展研究所译，光明日报出版社 1988 年版，第 341 页。

律穿红色绸袍,以前均戴方帽,后来均戴短假发。在庆典和纪念日时法官所穿法袍和服饰也各异。"①还比如,伦敦市的首席法官,穿特殊红颜色的长法袍。在苏格兰,最高民事法院法官穿深蓝色毛绒长法袍,并配有栗色镶边,镶边上有红十字。现在法袍及配饰出现了简化的趋势,如在承袭英国穿法袍传统的美国,进行了重大变革,取消了佩戴假发的要求,法官开庭时一般穿黑色长袍即可。

中国古代社会,一直奉行行政权和司法权的合一,没有专门主持审理案件的司法官员,地方行政官员兼理司法,自然没有独立的司法机关,而法官穿着藉以代表司法权的独立特征、独立身份的法袍的传统也就无法形成。他们审案时都穿与其行政职位相称的官服,而无专门的法袍。②晚清时期,从日本考察之后,对日本裁判官所穿的衣服之不同于行政官员有所认识,"司法官所理之事与行政官不同,必须标识特异,斯人民之瞻视益尊,即裁判官自身所居地位,兴感之念以起。所谓衣冠正则心正是也。指定法袍之后,成绩颇著"③。民国时期,法院引进了法袍,其样式是在黑袍上镶有红、紫、白三种不同颜色的滚边来区分审判官、检察官和律师。红色、紫色、白色分别象征着公平、正义、清白等意义。④

1984年5月1日,我国法官开始在审判活动中统一穿着制

---

① [英]戴维·M.沃克:《牛津法律大辞典》,上海与科技发展研究所译,光明日报出版社1988年版,第341—342页。
② 张薇薇:《法袍与法文化》,《法律科学》2000年第5期。
③ 王仪通:《调查日本裁判监狱报告书》,上海古籍出版社2002年版,第157页。
④ 吕芳:《中国法院文化研究》,人民法院出版社2008年版,第92页。

服,当时制服的样式为军警式的肩章和大盖帽,质地为的确良。其后的 10 余年中法官的制服曾有过 3 次变化,但一直沿袭的是军警式的肩章和大盖帽服制,只是在制服的颜色和质地上略有差异。这样的着装,从视觉上很难与警察、军人相区别,可以说当时的司法人员还没有代表其自身职业特征的服饰。

从 2000 年 7 月 1 日起,北京市海淀区人民法院知识产权庭首先试穿新法官制服,这标志我国司法人员服制改革的开始。2000 式审判服制改革,法官出庭时内着西服,外罩法袍,这次改革是"中西合璧"的体现。① 其后,也进一步区分出夏服,并且进行了改进。② 2002 年 1 月 24 日制定的最高人民法院《人民法院法官袍穿着规定(试行)》要求,法官在审判法庭开庭审判案件和出席法官任命、授予法官等级仪式时,必须穿着法官袍;法官在出席重大外事活动、重大法律纪念、庆典活动时,可以穿着法官袍。除此之外,法官在其他场合都不得穿着法官袍。依据《中华全国律师协会关于律师出庭服装使用管理办

---

① 这次的设计是独具匠心的:法官袍为黑色散袖口式长袍,黑色代表庄重和严肃;红色前襟配有装饰性金黄色领扣,与国旗的配色一致,体现人民法院代表国家行使审判权;四颗配有国徽的领扣象征审判权由四级人民法院行使,同时佩戴胸徽作为司法标志。参见林森《法官服的变化:我国法制建设历程的见证》,中国法院网(2008 - 12 - 29),http://www.chinacourt.org/html/article/200812/29/337712.shtml.

② 2007 年 10 月 15 日至 18 日,最高人民法院在湖南长沙召开全国法院审判制服管理工作座谈会。会上,公布了经最高人民法院党组批准,全国法院审判人员自 2008 年 5 月 1 日开始换着 2007 款审判夏服的决定。新式夏服在 2000 式夏服的基础上进行了较大的改进,2007 款审判夏服为月白色、立领、明袋挖兜短袖上衣,黑色西裤。女装增配黑色西服裙,上衣缀钉标有天平图案的专用纽扣。参见林森《法官服的变化:我国法制建设历程的见证》,中国法院网(2008 - 12 - 29)[2010 - 12 - 01],http://www.chinacourt.org/html/article/200812/29/337712.shtml.

法》第 2 条规定："律师担任辩护人、代理人参加法庭审理，必须穿着律师出庭服装。"第 4 条规定："律师出庭服装仅使用于法庭审理过程中，不得在其他任何时间、场合穿着；律师出庭统一着装时，应按照规定配套穿着：内着浅色衬衣，佩带领巾，外着律师袍，律师袍上佩戴律师徽章。下着深色西装裤、深色皮鞋，女律师可着深色西装套裙。"

(二) 象征意义

中世纪学者坎特罗威茨对职业服饰有经典的论述："有三种职业有资格穿长袍以表示其身份，这就是法官、牧师和学者。这种长袍象征着穿戴者思想的成熟和独立的判断力，并表示直接对自己的良心和上帝负责。"[1] 从功能的角度，法袍最初是用来表示自身职业特征的行头，是区别于其他职业的明显标志。司法工作人员的服饰也在不断地改进和反复的使用过程中，产生了特定的象征意义和价值。

1. 权威性

在庭审的仪式中，法袍象征着法官的独立、公正、中立。在庭审中，法袍是司法的象征符号。法袍穿在特定的人身上，象征着法律的权威和被赋予特定身份的意义。只有那些具备了法官资格，并具有正义、中立信念而毕生追求法律真谛的精英才有"穿"的资格。法袍不同于人们在日常生活中所穿的衣服，它只限于特定时间、空间的场合中赋予穿着者象征司法权威的意义。这表明，法袍在与人结合的过程中有了身份的意味，穿着者因此在法律的名义之下拥有权力。在参与法庭审判的法官、检察官和

---

[1] 贺卫方：《法边馀墨》，法律出版社 1998 年版，第 43 页。

律师等司法职业人员经由上述特定的服饰、配饰而与其他普通参与人区分开来。也就是说，穿着司法职业服饰的法官、检察官和律师代表看得见的法律，而非他们个人利益。当然在法官运用该权力符号时受到严格限制，如果法官随意地在任何场合穿着法袍，那么这一符号的权威象征意义将可能被滥用，以致最终被抹杀。总之，法袍仅仅是象征权威的司法符号，它是拉近法律正义的形式性背景，是司法仪式展演的"道具"。

2. 形式合理性

司法的形式合理性，或称之为形式正义，按照罗尔斯的正义体系，它意味着："法律和制度方面的管理平等地（即以同样的方式）适用于那些属于由它们规定阶层的人们……一个因自己的性格爱好而倾向于这种行为的人是不正义的。而且，即使在法律和制度不正义的情况下，前后一致地实行它们也要比反复无常好一些。"[①] 司法的形式理性与宗教的渊源由来已久，韦伯曾对这段历史进行过精准的概括："在有组织的牧师的权威之下，旧的司法行政中原始形式主义的非合理性被抛弃了。在这种影响下，连法律的实体部分也有所改变，虽然影响的特点随权威的种类而不同……权威实施越趋合理……法律程序（形式或内容两方面）合理化的可能性就越大。"[②] 据此推论，具有宗教化特征和司法形式性的法袍是司法公正合理价值的历史延续。法袍可以成为司法过程的一种形式化的符号，象征着司法独特的

[①] [美] 约翰·罗尔斯：《正义论》，何怀宏等译，中国社会科学出版社 1988 年版，第 58—59 页。

[②] [德] 马克斯·韦伯：《论经济与社会中的法律》，张乃根译，中国大百科全书出版社 1988 年版，第 226—227 页。

价值。法袍的本质就是件衣服，它不可能具有思想、感情和思维判断力；而人在用人类的思维和智慧去支撑、使用它时，法袍的象征意义才可能发挥，其形式合理性会真实地被人们感受、体验。

3. 司法独立的屏障性

司法仪式中，穿着法袍的法官是审判权的象征，法律所授予法官的权力，区别于世俗的权力。正因为法官职业的特殊性，他穿着的法袍使其从法律角度进行思考和裁断，而远离世俗日常的道理，这恰恰是法官中立的有效保障。从法律运行的视角，法官因为穿着法袍而具有经验丰富和独立裁断的形象，并表示对法律负责、只臣服于法律。这种职业特征突出体现在法袍上，法官能在法律运行中秉持正义，不偏袒任何一方，坚持用法律的原理和技巧审理案件，而不屈从权力和利益，甚至排斥政治的干预。法袍虽然在实体的制度构建上势微，但却可以在法律的形式合理性上维护司法机构和司法工作人员的独立，在内心、情感上震慑一些藐视和破坏司法独立的动机、心态，让一些觊觎侵害或扭曲司法权行使的人却步。可以说，法袍让法官从世俗走上神圣的法庭，使其以超然、独立的第三者身份去看待纠纷，这正是法袍"屏障"之意义所在。

二　司法仪式中的器物

所谓器物，即能够唤起回忆与感情的器具或者圣物，这类物件在仪式中被广泛使用。而器物作为象征符号最直接地体现着参与者通过物的"感觉极"与"理念极"所指向的抽象权威的认同。在司法仪式中的器物最具符号象征性的是法槌。

(一) 法槌

在世界各国重要的仪式和活动中,通行的惯例是以击槌的方式主持。在公开拍卖会、听证程序以及多方参与的大型会议上,经常以击槌作为会议主持的方式。中国传统法律文化中,古代官员在审判过程中使用与法槌具有类似功能的"惊堂木",其雅称是"怒棋"。它是封建制度下衙门权威的象征,而法槌则更多体现现代司法含义。使用法槌是世界各国法院的通常做法,我国法院为与国外通行惯例相协调,也开始尝试使用法槌主持庭审活动。2002年1月8日,最高人民法院下发《关于人民法院法槌使用规定(试行)》的文件,规定从6月1日起,全国各级法院统一在庭审中使用法槌。[1] 还规定,人民法院审判长、独任审判员在开庭审理案件时,使用法槌;在宣布开庭、继续开庭;宣布休庭、闭庭;宣布判决、裁定的情况下,应当使用法槌。维持法庭秩序时,可酌情敲击法槌。法官在使用法槌时一般敲击一次。

(二) 象征意义

法槌在整个司法权运行过程中体现了程序化,揭示了司法文化的内在意蕴和外在意义。现代司法制度中的法槌,是司法进程

---

[1] 现在法庭使用的法槌的构造如下:槌身及其底座的材质为名木海南檀,呈红褐色,纹理清晰均匀,质地坚硬而有光泽,抗弯曲耐腐蚀,寓指人民法官刚直廉洁、坚韧不拔的优秀品质。法槌槌身圆柱形,槌顶镶嵌着金黄色铜制法徽,槌腰嵌套标明法院名称的铜带;底座为矩台形,表面嵌有矩形铜线和我国传统饰纹。底座以"矩"制形,与法槌方圆相衬,既寓意司法公正,又取"智圆行方"之意,象征法官应成为智慧和正义的化身。槌、座相击,声音清彻坚定,烘托出法庭的庄严神圣。参见舒乙、贺卫方、周振想等《法槌:秩序震撼权威》,《人民日报》2002年6月5日第10版。

的重要标志,被赋予了神圣性、权威性与秩序性的意义。

第一,神圣性。韦伯认为,现代社会的发展是"除魅"的过程。现代意义的司法制度和司法实践,早已经摆脱了愚昧、荒谬的"神判"、"天罚"等非理性的裁判方式。但原始神判中隆重的仪式,神秘的气氛,象征性的符号,微妙的隐喻,这些程式化的社会调节机制,却被今天的庭审程序有保留地沿袭下来。不可否认,在形式正义中,法槌是有贡献的。在庭审中的任何参与人,如有违背法庭庄重气氛,而大声喧哗破坏司法的权威、秩序和神圣,敲响法槌可以帮助维持法庭庄重、严肃的氛围和秩序。同时,法槌也可以让法官产生职业的神圣感、认同感。从法律职业角度,法官等司法工作人员应当适当地精英化、神秘化,远离大众化、日常化。因为作为司法权的践行者,应该以地位的独立性为前提。法官应当成为"成熟思想和独立判断力"的化身。礼仪性和神圣感是符合程序正义的重要因素,在庭审中法官敲响法槌,恰恰营造了司法过程的礼仪性和神圣感。

第二,权威性。法官在法庭审理过程中,既需要保证自身权利的行使,也需要保证当事人按照法律的规定充分行使自己的诉讼权利和诉讼义务。这不仅仅是实现法律形式正义,也是彰显法官的权威地位,更是司法的权威乃至法律地位的体现。法官使用法槌主持庭审,即可以恰当有效地引起所有诉讼参与人对维护庄重的法庭秩序的注意,又不失法律温情的一面。法官作为法律事实的最终裁判者,对保障法律的有效实行,保证公民合法权利的行使负有神圣的使命,因此,这个身份让他理应成为法律的代言人,乃至公平、正义的化身。由此,在法官身上，将法律的权威外化为司法的权威，使法律的尊严体现为法官的尊严，庭审中法官以敲响法槌的方式作为开庭、休庭、闭庭和判决的标志，象征他在庭审活动中的权威地位，体现法官的威仪。

第三，秩序性。"法庭是最公正的场所，它需要秩序，需要文明，更需要效率。中国古代司法官断案是使用惊堂木的时代，那时没有诉讼地位的平等，法官是审判的主体，当事人和其他诉讼参与人甚至证人都是诉讼的对象；而现代是法官使用法槌的时代，庭审中的当事人是诉讼的主体，法官是居中的裁判者。古代的惊堂木营造的是恐吓、强权的庭审氛围，而现代的法槌象征司法尊严和法庭秩序。"[1] 法官使用法槌不仅是营造法庭严肃的氛围，更是保障各方当事人的平等地位。法槌的使用有利于法庭秩序的维护，控制庭审的进程，同时对犯罪嫌疑人有一定威慑力。法官宣判后敲击法槌，有一"槌"定音的气势，体现了法庭审判的终极权威效力。同时法官在庭审中使用法槌，能更有效地制止当事人违反法庭秩序的行为，也使开庭工作的层次更加分明。在最高人民法院颁布的《关于人民法院法槌使用规定（试行）》的第5条中规定，审判长、独任审判员使用法槌的程序如下：（一）宣布开庭、继续开庭时，先敲击法槌，后宣布开庭、继续开庭；（二）宣布休庭、闭庭时，先宣布休庭、闭庭，后敲击法槌；（三）宣布判决、裁定时，先宣布判决、裁定，后敲击法槌；（四）其他情形使用法槌时，

---

[1] 舒乙、贺卫方、周振想等：《法槌：秩序震撼权威》，《人民日报》2002年6月5日第10版。

应当先敲击法槌,后对庭审进程作出指令。第 6 条规定:"诉讼参与人、旁听人员在听到槌声后,应当立即停止发言和违反法庭规则的行为;仍继续其行为的,审判长、独任审判员可以分别情形,依照《中华人民共和国人民法院法庭规则》的有关规定予以处理。"根据上述司法解释,在法庭审理的不同阶段法官使用法槌都是维护法庭秩序的集中体现。

三 司法仪式中的布局

(一)国徽及其他物件的摆设

中国古代的衙门大堂之上悬有"明镜高悬"的横匾,标榜官老爷的清正廉洁和明察秋毫。而现代的法庭却是悬挂国旗、国徽。根据《中华人民共和国国徽法》的规定,中华人民共和国国徽是中华人民共和国的象征和标志。在各级人民法院和专门人民法院的审判庭,各级人民法院和专门人民法院,应当悬挂国徽。进一步,在《最高人民法院关于法庭的名称、审判活动区布置和国徽悬挂问题的通知》中规定:人民法院、人民法庭的法庭内法台后上方正中处悬挂国徽;与法院其他建筑相对独立的审判法庭正门上方正中处悬挂国徽;人民法院和人民法庭机关正门上方正中处悬挂国徽;人民法院的审判委员会会议室内适当处悬挂国徽。调解室、接待室内不悬挂国徽。

法庭大多以审判席为中心进行设计。以英美法庭为例,中心是法官的座位,法官是法庭的指挥者,在法庭的位置最高。一则为显示尊严,二则居高临下观察法庭上所有人和事,驾驭庭审的进程。法官旁有一个小门,连接着法官办公室,开庭前法官一般就待在办公室中,等待书记员或者法官助理把法庭上的一切安排好，再进入法庭。法官下方是法庭其他工作人员的坐席，比如法庭办事人员、速记员、翻译人员。法官的左侧是陪审团坐席，一般设有十四个位置，分为两排，四周用木板隔开。无论是刑事诉讼中的控、辩双方，还是民事诉讼中的原、被告，其位置在法庭正中间面对着法官的方向，有一排并列的两张长桌，无高下之分，也无约定俗成谁坐哪一把椅子。大部分国家为刑事案件的被告设立了专门位置，但在美国一些州，法庭允许被告人和自己的辩护律师坐在一起。证人的位置处于法官席和陪审席中间，斜对着两者，目的是为了让所有人听清楚证人的证词。

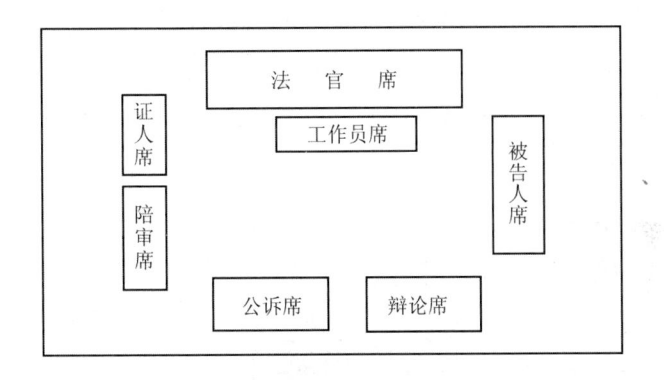

图一 一般国家刑事审判庭布局

根据《最高人民法院关于法庭的名称、审判活动区布置和国徽悬挂问题的通知》的第2条第2款规定："法庭应按如下要求布置：在审判活动区正中前方设置法台，高度为20至60厘米。法台上设置法桌、法椅，为审判人员席位。审判长的座位在国徽下正中处，审判员或陪审员分坐两边。法桌、法椅的造型应庄重、大方，颜色应和法台及法庭内的总体色调相适应，力求严肃、庄重、和谐。法台右前方为书记员座位，同法台成45°角，书记员座位应比审判人员座位低20至40厘米。审判台左前方为证人、鉴定人位置，同法台成45°角。法台前方设原、被告及诉讼代理人席位，分两侧相对而坐，右边为原告席位，左边为被告座位，两者之间相隔不少于100厘米，若当事人及诉讼代理人较多，可前后设置两排座位；也可使双方当事人平行而坐，面向审判台，右边为原告座位，左边为被告座位，两者之间相隔不少于50厘米。"在低于原被告席、书记员的正前下方，是刑事审判中的被告席；原告席一侧的下方坐着身着警服的法警；证人席一般在被告席的一侧；审判台对面刑事被告人后面是旁听席，旁听席与法庭审判区之间有栏杆隔开。第3款补充规定："有条件的地方，可以将书记员的座位设置在法台前面正中处，同法台成90°角，紧靠法台，面向法台左面，其座位高度比审判人员座位低29至40厘米。"

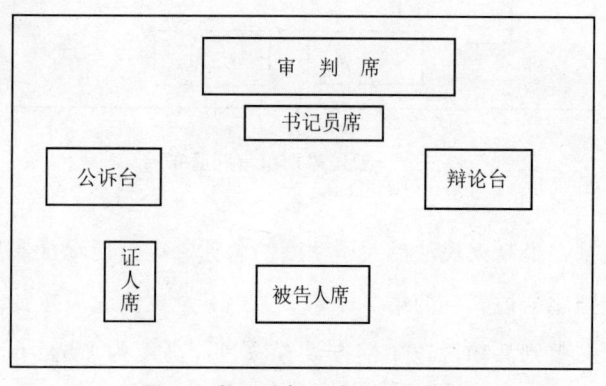

图二　我国刑事审判活动区布局

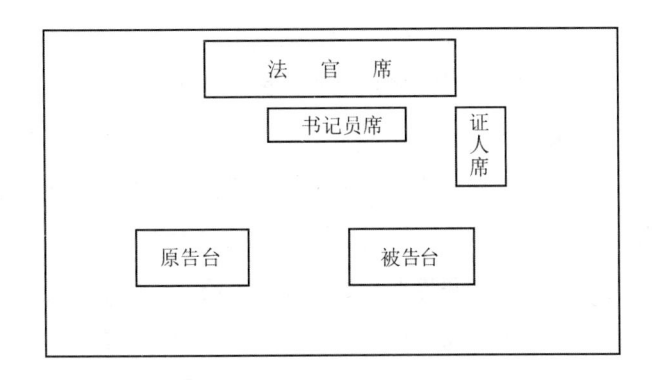

图三 我国民事、海事、行政审判活动区布局

（二）象征意义

第一，象征国家在场。世界各国的法庭通常都摆设国旗、国徽，是象征性的政治符号。比如美国法庭在法官席一侧摆放国旗或州旗。法院和法官在行使国家司法权时，在法庭中悬挂国徽表明"国家在场"。"法官的语言与行为都被赋予在国徽的意义中，甚至制度、道德等方面都与国徽的政治意义牵连。国家这个抽象的概念是通过文化、心理的认同而具体化的，而这种认同又是通过符号和仪式的运作造就的。"[①] 在法庭中，国徽不是法律上的符号，而是与法律密不可分的政治符号，象征国家权力，更确切地说，是国家权力体系中的司法权。国徽是国家主权的象征性标志，代表国家权力，悬挂国徽的场所展现了国家权力在场的政治意义，法庭场景正中的国徽，表明国家权力在场。古代的审判，无论是民事案件还是刑事案件，原被告双方在大堂上都是跪着的，偶尔抬头用眼角瞄一下审案的官员，就会受到呵斥，这是我

---

① 高丙中：《民间的仪式与国家的在场》，《社会学研究》2001年第1期。

国古代法庭的真实写照。这与现代的庭审中的法庭布置形成鲜明对比，同样是法官的权威却依靠不同的方式表达，揭示出两种庭审的巨大法文化差异。

第二，彰显法官中立的地位。在现代法庭布局中，悬挂的国徽占据空间的最高位置，俯瞰法庭之内的一切人、物和行为，体现国家司法权的崇高和尊严。这种政治性隐喻让法官产生忠诚于国家权力的态度和责任，也督促法官公正、中立的裁决。而在人治的封建社会，法官公正的裁决是依靠个人的清正廉明，而非国家的监督，在公堂上悬挂的牌匾自然是宣扬个人英雄主义，比如历史上著名的清官包公、海瑞等。在法庭上悬挂牌匾和国徽的区别，背后揭示出信仰权力和信仰法律的心理差异，是两种截然不同法律文化的体现，更是人治与法治不同之处。法官高高在上，凸显在法庭的中心，两侧是双方当事人。这种布局蕴涵了这样的理念：法官在法庭上是超然于当事人和其他诉讼参与人之上的中立且权威的裁判者。恰如福柯所言，"我们至少可以说的是，法庭的空间安排意味着一种意识形态。这种安排是什么呢？一张桌子，它与两方当事人拉开距离，在这种桌子后，是'第三人'，即法官们。首先，法官的位置指出他们对于每一方当事人都是中立的；其次，这意味着他们的裁决不是预先作出的，而是基于某种真理观和某些有关何为公正何为不公正的观念，对双方当事人进行口头调查之后作出的；第三，这意味着他们有权执行他们的裁决。"①

第三，凸显当事人诉讼权利的平等。在法庭审判席与当事人

---

① ［法］米歇尔·福柯：《治理术》，赵晓力译，《社会理论论坛》1998 年第 4 期。

席位的布设上，各席位间保持高低层次的区别，以此显示相应席位上的角色不同的话语权力的等级。审判席高于当事人的席位和旁听区的席位，是现代司法理念中的法官在庭审中的层级身份的体现。在民事、行政审判庭中，原告与被告席位与审判席距离相等，彼此平行、对应，象征当事人诉讼权利和诉讼义务的平等。在刑事审判庭，公诉人的席位与被告辩护人席位处于距离审判席相等的位置，彼此之间对应、平行。被告人的位置处于审判席的对面并远离公诉席和辩护席。公诉席与辩护席的平等和对等设置有以下两方面的象征意义：一是，作为国家权力体系中独立类型的检察权，在现代刑事诉讼构造中，已经告别了传统的检审一体化模式；二是，被告人辩护权的作用和保障显著提升，确认其与国家检察权平等的地位。这符合我国刑事法律确立人权保护的司法理念，并与无罪推定、不得强迫自证其罪等原则和辩论制度相适应。

四 司法仪式中的行为

法律意义的表达都是借助于人们能够理解的符号，在最一般意义上讲，这些符号就是语言和行为。我们知道，"现实主义"法学家卢埃林主张所谓"行动中的法"，特别是法官的行动决定着现实的法，从而使行动变成法律的符号。但我们还是要说，法律是行动的符号，而行动并非法律的符号。即使法官在法庭上的行动，也受制于司法符号的规范，而不是相反，法律受制于法官。同时，司法仪式的其他参与人，也受制于司法符号表达的规则，并且在司法场域中所有参加人的行为也是司法仪式的构成要素。因此法律从根本上讲，是人们行为的交换关系中公共选择的理性，是人类需求的理性，是符号化的人性需求。

(一)司法工作人员的行为

在法庭审判过程中，法官的主要行为是围绕着审判权展开的，可以称为诉讼指挥权。在审理过程中，法官处于程序指挥的位置，审理开始的时间地点、进行诉讼的哪个阶段、何时宣布判决、其他程序事项的进行，都是由法官来决定的。当然，这是从程序运行的角度来分析，并非排除法庭审理过程中当事人的诉讼权利。同时，法官还维持整个法庭审理的秩序，对旁听人员也有绝对的权威。比如在审理过程中不准旁听人员随便拍照、摄像，禁止任意在法庭喧哗和走动，对严重干扰法庭秩序的人员，法官还可以进行处罚，以保证庭审过程不受旁听区的干扰，保持法庭庄重、肃穆的氛围。在英美法系国家还有专门的罪名处罚扰乱法庭秩序的行为，即藐视法庭罪，这成为法官在庭审时可运用的一项重要权力。这要求庭审的所有参与人，尤其是在审判区的当事人及诉讼参与人更应当遵守庭审纪律，给予法官充分尊重。在法庭审理中，法官是司法权的行使者，在一定的程度上就是法律的代言人，因此对法官的藐视，就是对国家法律的藐视。因此，对藐视法庭的行为，法官理所当然地需要作出制裁，以此维护司法的权威。

我国对法官的庭审行为有着明确的规定。在1994年1月1日起施行的最高人民法院制定的《中华人民共和国人民法院法庭规则》(以下简称《法庭规则》)中，详细规定了法庭审理过程中审判人员的行为规范。其中第2条规定："人民法院开庭审理案件时，合议庭的审判长或者独任审判的审判员主持法庭的审判活动,指挥司法警察维持法庭秩序。"第 11 条规定:"对于违反法庭规则的人,审判长或者独任审判员可以口头警告、训诫,也可以没收录音、录像和摄影器材,责令退出法庭或者经院长批准予以罚款、拘留。"最高人民法院在 2010 年 12 月 6 日修订后的《法官行为规范》中专门规定了法官在庭审中言行的规范标准:"坐姿端正,杜绝各种不雅动作;集中精力,专注庭审,不做与庭审活动无关的事;不得在审判席上吸烟、闲聊或者打瞌睡,不得接打电话,不得随意离开审判席;平等对待与庭审活动有关的人员,不与诉讼中的任何一方有亲近的表示;礼貌示意当事人及其他诉讼参加人发言;不得用带有倾向性的语言进行提问,不得与当事人及其他诉讼参加人争吵;严格按照规定使用法槌,敲击法槌的轻重应当以旁听区能够听见为宜。"其他的司法人员,如检察人员、陪审人员等在庭审中应该遵守法庭规则,服从审判人员的指挥。他们在审判中并没有程序上的指挥或者主持的权利,地位类似于当事人。

(二) 当事人及其他参与人的行为

法官及其他审理人员进场时当事人及其他诉讼参与人、旁听人员要起立。当事人及其他诉讼参与人在程序进行中需要遵守法庭规则,营造法庭审理的庄严、肃穆氛围。我国《法庭规则》第 5 条规定:"审判人员进入法庭和审判长或者独任审判员宣告法院判决时,全体人员应当起立。"第 7 条规定:"诉讼参与人应当遵守法庭规则,维护法庭秩序,不得喧哗、吵闹;发言、陈述和辩论,须经审判长或者独任审判员许可。"对于法庭旁听人员也有相应的审判纪律来约束其行为。如我国《法庭规则》第 9 条规定:"旁听人员必须遵守下列纪律:不得录音、录像和摄影;不得随意走动和进入审判区;不得发言、提问;不得鼓掌、喧哗、哄闹和实施其他妨害审判活动的行为。"还有新闻媒体在法庭审理过程中也需要遵守法庭规则,如我国《法庭规则》第10条规定:"新闻记者旁听应遵守本规则。未经审判长或者独任审判员许可,不得在庭审过程中录音、录像和摄影。"严重违反法庭纪律的人还可能受到更为严重的处罚。《法庭规则》第12条中规定:"对哄闹、冲击法庭,侮辱、诽谤、威胁、殴打审判人员等严重扰乱法庭秩序的人,依法追究刑事责任;情节较轻的,予以罚款、拘留。"

(三)象征意义

第一,象征司法程序的神圣性。正是法庭中仪式性的行为,比如全体参与人在法官进入时肃静、起立,旁听人员不得随意进行拍照、不得大声喧哗和任意走动等要求,将神圣的审判过程展现出来。同时,神圣、庄严的法庭气氛也需要法庭仪式规则来保障,这不仅仅是为了保证庭审有序、顺利地进行,也保障法官裁判的中立、公正,更是营造神圣、肃穆的庭审氛围的需要。"司法行动要保持自己的神圣性,无疑要通过一些仪式将一个人与普遍的神圣的传统联系起来。"[1] 还有证人宣誓制度,宣誓的过程使他作为一个普通人与神圣的信仰建立了联系,在自己的内心感受到一种超验性的庄严和神圣的情感。因此,司法仪式是正义的彰显,人们沿用司法仪式中的象征符号表达情感,从内心体验司法程序的神圣。

---

[1] 强世功:《司法的仪式和法官的尊严》,《法制日报》2000年4月23日。

第二，表征法庭秩序。秩序是法律价值的体现，与司法权威具有密切的联系。英国法官丹宁勋爵认为："在所有必须维护法律和秩序的地方，法院是最需要法律和秩序的。司法过程必须不受干预或干涉。冲击司法的正常进行就是冲击我们社会的基础。为了维护法律和秩序，法官有权并且必须有权立即处置那些破坏司法正常进行的人。"① 在审判过程中，法官是法庭秩序的维护者，是规范诉讼参与者程序行为的指挥者。他对违反法庭纪律的诉讼参与人依法进行处罚，维护法庭秩序，彰显司法的神圣，树立司法权威。

第三，宗教信仰的表达。宗教信仰主要在证人宣誓制度中体现。宣誓的仪式源于宗教信仰，并在当时的宗教观念中发挥了重要的作用。自18世纪，宣誓制度伴随着剔除宗教信仰因素而发生了重大的变化。信仰或者是对某种事物的信念，无论是否是宗教信徒，在人的心理中总是存在的，只是程度有轻重、高低之分而已。现代普通法系的证据理论认为，宣誓是在提醒证人，如果有违背真相的言辞，会有信仰或信念的对象在心灵深处的处罚，以保证言的真实，是证人主观的保证。所以，宣誓的意义在于，"非请上帝注意于证人，而系证人注意于上帝，非请上帝惩罚伪誓之人，而系使证人记取上帝确可为之。或谓宣誓之目的，在于涤净证人之良知，加深其义务的观念，用以获致其证言之纯洁与真实"。② 在审理过程中，证人宣誓时起立表明证人对神明的信仰力量和国家法律的敬畏。证人宣誓时须手持《新约全书》、《旧

---

① ［英］丹宁勋爵：《法律的正当程序》，李克强、扬百揆、刘庸安译，法律出版社1999年版，第7页。

② 李学灯：《证据法比较研究》，台湾五南图书出版公司1998年版，第498页。

约全书》或《圣经》，这象征着证人是以全能的上帝的名义或是在全能的上帝面前进行宣誓的。证人宣誓时郑重或高声宣读誓词象征着证人宣誓时内心的坦诚。证人信仰的多样化决定了证人宣誓形式的多样化。虽然证人宣誓的形式，各国有所不同，但其本质却是相同的，那就是证人宣誓的形式要与证人的信仰相一致。

五　司法仪式中的法言

语言是符号的重要表现形式。在研究语言时，有必要研究个体说话者所处的社会环境。正如布迪厄所言，语言"表达的特定符号效力是依照生产这些符号的世界结构的图示而产生的，它肯定了已经确立的秩序。"[1] 因此，在法官在法庭审判中运用的语言，应是"法律职业者将日常语言所表述的问题重新界定为法律问题，将日常语言转译为法律语言"[2]，将一切司法场域的外部资源转化为司法场域的结构元素。可以说，司法仪式中的法律语言，要切合法庭这一语境。

（一）法庭中的语言

"语言和语词把杂乱无章的对象世界一一对应地通过声音（言语）和书写（文字）而表达出来，其实我们就获得了关于对象的声音和痕迹的符号和记号。"[3] 在法庭审理过程中，法官需

---

[1] ［法］布迪厄：《法律的力量——迈向司法场域的社会学》，强世功译，《北大法律评论》，北京大学出版社 1999 年版，第 510 页。

[2] 同上书，第 513—515 页。

[3] 谢晖：《法律的意义追问——诠释学视野中的法哲学》，商务印书馆 2003 年版，第 506 页。

要运用专业的语言来审理案件，进而发现法律的真实，实现法律正义。相对于日常生活的语言，法官的语言更具有职业特征。特别应注意：庭审中要尽量使用法言法语，不要使用方言、修饰过多或者过于烦琐、含糊不清的语句，要使用简洁、准确的词句，这样才能保证法庭这一司法场域的庄严、神圣。同时，法官使用的口头语言要求庄重、言而有据、思维清晰，语气要沉稳有力，表达准确、逻辑严密，这是对法官语言的特别要求。因为庄重有力的言辞，才能显示出法官审判的威慑力和控制力。在当事人及诉讼参与人发表与案情无关的发言时，要及时制止他们，以避免其他当事人或旁听人员因受刺激而情绪失控，维护法庭正常的审理秩序。

（二）象征意义

第一，象征司法的权威。司法的权威是远离日常生活的，它通过职业的法律语言在法官与社会之间建立起隔离区域，维护法官的职业地位、独立空间和尊严，使法官对法律的使用超越日常生活的经验和直觉，以特有的法律职业理性形成内心裁断的确信。由此，法官作为权威的身份象征，在职业上与日常生活保持距离，这恰恰是司法权威性的显著标志。在庭审中，法官通过语言符号，发挥其审判权，使诉讼程序依照既定的法律规则运行。因此法官的语言能掌控庭审的氛围。法官要通过言辞，制造公开、公平的庭审氛围，允许各方当事人平等地陈述、反驳、辩论，除非必要否则不要打断当事人及代理人的陈述。法官庭审时的语言对当事人的心理能产生深刻的影响，使其产生对司法公正的直观感觉。作为中国古代法庭的衙门，总是给人一种神秘和阴森的感觉，其权力的掌控者希望这种高高在上的威仪从精神上造成恐怖和恫吓的气氛，当时的司法官员审理案件时的语气是严厉，甚至给人强烈压迫感。

第二，表征程序的规定性。法律文本的语言和文字的意义是相对确定的，这是不言自明的。一方面，以文字或言语为工具而构造的法律规则是有客观意义的。正因如此法律才能给人们提供行为的指向、意识的规范和心理的安定；另一方面，法律的这种"客观意义"，是能够被人们所认知的。[①] 在庭审过程中，当事人关于案件事实的陈述、确认、否定、辩解，都是严格根据司法程序既定的规则进行，比如举证阶段，当事人不能进行辩论。所以在法官的主持下，庭审中的语言是需要按照既定的内容予以组织，而不是任由主体自由发挥的。"虽然最后通过庭审形成的最终判决的文本在真实性上无法还原事件的本来面目……亦即将碎片式的事件用一套法律的语言组织成全景式的故事，向司法过程中的疑问提供解答，最后导出判决。"[②] 但这些案件的事实是根据法律程序认可的，尽管重新再现的情节可能存在争议，但是司法审理结果最终只能确定唯一的事实，并宣布此为案件的真实情况，也就是法律上的真实。可以说，法庭上最终认可或判决宣告的事实是法律上的真实，而不是客观真实。法庭审判中的程序化展演是人们通过法律阐释客观事件并赋予意义，最终形成判决结果，实现程序和实体有效结合，完全而有效地实现人为有目的的行动。

综上所述，司法仪式，就是一个充满意义的世界，一个象

[①] 谢晖：《法律的意义追问——诠释学视野中的法哲学》，商务印书馆 2003 年版，第 510 页。

[②] 刘燕：《案件事实，还是叙述式修辞》，《法制与社会发展》2007 年第 3 期。

征符号的体系。首先，司法仪式是动态的符号表述。法律程序中主体充斥、占据和使用符号，仪式是诉讼程式化的一个阶段，符号的表述将主体行为连接成一幅幅图谱，即经历了案件的立案受理、开庭审理、最终判决等诉讼阶段，诉讼程序的过程实质是随着时间先后并依照紧密联系的逻辑关系展开的。因此，所谓司法仪式并不是静默的，而是被放置在封闭的司法场域中连续运行的符号体系。其次，司法仪式是按照既定的规则有序运行。它是纵向的时序和横向场景的统合，也就是时间和空间二维的有机结合。在纵向的时序空间里，依照既定的规则展开仪式的不同场景。而在横向的符号构成的司法场景中，司法仪式通过符号体系表达着其意义和精神。二者互相依存，共同构成一个多维的立体系统。从司法仪式的结构及其象征意义的视角分析，构成要素的安排设置属于符号的共时性，是横向切面的罗列；而符号在空间的既定位置和制度性的编排，又是共时性的，是一种时间延续性的传达。也就是说司法仪式不同阶段的图谱是固定的，符号的位置也是固定的，都是以司法场域的游戏规则为前提，形成一个相当严密连续的秩序。最后，在司法仪式结构中，构成要素是具有规定性，甚至是不可或缺。构成要素整合在一起，共同构成一个体系，它们相互制约、相互配合、不可分割，使庭审中的所有参与人在行为与司法仪式的结构之间建立起统一关系，否则缺少任何一个必要的要素，整个司法仪式就会停滞。

第二节　司法仪式的象征意义

按照特纳的理论，研究一种仪式，需要通过象征模式和行为推导出仪式的结构和意义。笔者对象征符号意义的探讨是在两个层面展开的，一方面，在司法仪式构成要素中具体分析象征符号的意义；另一方面，在司法仪式语境中，把象征符号作为一个整体来阐释它们的意义。因此，两种象征意义的讨论并无重复之处，是不同层次的两个问题。可以说两种意义的讨论是自主的，二者不存在部分与整体之间的拼凑和组合，而是完全独立意义上的论证。

仪式的象征符号具有多义性或多重性的特点，单个象征符号可能代表许多东西，作为一个整体的仪式也具有如象征符号的这个特点。[1]"这首先要仔细考察在每一种特定仪式语境里的象征符号的意义，也要在整个系统的语境下探究它们。"[2] 如前所述，对于研究司法仪式中行为——场域层面，特纳的象征——仪式理论具有重要的参考价值，仪式的象征意义具有一般的普适性。司法仪式中，包含的象征意义的符号非常丰富，并构成了一个相对完善的象征意义体系。例如，法官的法袍、法槌、法庭的布置、法庭中使用的语言、法庭的气氛、法庭的秩序、法院建筑外观特征、证人宣誓程序，等等。所以，笔者认为，探究司法仪式的象征意义，有必要探讨三个层面的内容：（1）注释意

---

[1] ［英］维克多·特纳：《象征之林——恩登布人仪式散论》，赵玉燕、欧阳敏、徐洪峰译，商务印书馆2006年版，第49页。

[2] 同上书，第42页。

义,即被研究者本身的解释,包括一般仪式参与者和专门的仪式组织者的解释;(2)操作意义,即象征在仪式场合的运用;(3)方位意义,即象征为其他象征体系所决定并与其他象征形成体系这一特征。

一 展现法律权威的注释意义

人是社会的产物。仪式也反映了特定的社会价值。比如宗教仪式里,人们形成了普遍的宗教观念,其祈祷、唱诗等行为是宗教权威的表现。司法仪式也体现了法律在特定场域的权威。作为法律的外在表现形式的司法程序,是司法权运作的直接体现。据此,通过司法运作过程的仪式化和程序化,强化了法律的权威,使司法运作过程获得一种相对稳定性,防止主观性。人们对法律遵守和服从,是建立在法律制度的权威之上的。可以说如果法律的属民认为法律的存在是反映社会的共同意志和普遍利益,法律就有了权威,才会有充分实效。"法律呈现的是一套权威性标准系统,要求所有适用它的人都承认其权威。"[1] 司法仪式作为法律的外在表现形式,直接体现司法权威。通过司法运作过程的仪式化,强化法律的权威。

权威来源于确信和承认。对于有理性的现代人而言,确信是由证明过程决定的,承认是由说服效力决定的。[2] 一项决定的正当性前提必须满足程序性的要件。司法仪式的程序性,使当事人通过相互辩论反驳来表达自己的意见,让各方的利益得

---

[1] [英]约瑟夫·拉兹:《法律的权威——法律与道德论文集》,朱峰译,法律出版社 2005 年版,第 28 页。

[2] 季卫东:《法治秩序的建构》,中国政法大学出版社 1999 年版,第 53 页。

到充分考虑，并采纳仪式参与者的解释和判断并得到最终结果。法律权威是否当然地存续于司法仪式中？这涉及司法仪式本身是否被参与者当做一个象征符号进行解读的问题。司法仪式中的司法权威直接体现为解决纠纷的权威，即司法权威。因此，无论是传统的司法裁判，如神明、决斗裁判等，抑或现代诉讼，司法权威都一定程度地存在于仪式参与者的法文化意义之内。因为司法裁判总是受制度、程序、法官和传统等因素影响，而诸多要素支撑下的司法活动本身又希望能经受社会的考验，以便长久地获取正当的地位和稳定的社会基础。在仪式中的司法权威，通过参与者象征性的语言、物质符号和身体动作等象征符号体系来宣泄和展现其内在的精神活动和生活需求，表现为表达心声的音调和动作。它同时通过仪式活动内化为调动和激发参与者对法律信仰的感受，司法仪式拥有共同的规则和信念，具有超个人的权威，对活动于共同信仰的司法仪式中的个人思想、信仰、精神生活、行为与活动都具有社会强制力，并强化他们对于法律规范的认同，外化为他们对法律规则的服从和对个人行为的限制。可以说，司法仪式通过公民的参与，在其心理层面产生对法律的认同，进而信任法律，维护法律的权威。据此，司法权威通过仪式培养公民对法律的信任感，前提是司法仪式必须是公正程序的体现。

二　表征司法权力关系的操作意义

司法权力的运行是司法裁判的过程，即辨明真与假、是与非、曲与直，根据特定的证据与既定的规则，通过一定程序进行认定。司法仪式是建构权力话语的过程，在司法的话语机制中包括诉讼参与人的思想和行为、司法程序的运作机制，以此来表达司法仪式中象征符号蕴涵的意义。如上所述，司法仪式中包含了主观和客观交织在一起的结构，是建立在象征符号之上的权威，司法仪式中表现为法官角色的"权力化"。以司法仪式的主持者——法官为例，他的权力不是指法官本身所具有的国家权力，而是司法仪式中，法官作为仪式的参与者，由自身在仪式中的地位凸显其权力特征。由于司法仪式需要由法官通过象征其地位的符号表达出他与神圣法律之间的交流，进而向其他参加仪式中的人们传达法律的权威。

而在司法权力运行的过程中存在着交织、叠加的关系网络。这个网络至少是有：（1）原告与被告之间的关系；（2）被告与法官之间的关系；（3）原告与法官之间的关系；（4）法官与证人、鉴定人、勘验人、翻译人之间的关系；（5）原告与证人、鉴定人、勘验人、翻译人等之间的关系；（6）被告与证人、鉴定人、勘验人、翻译人等之间的关系。而在司法权力展开的关系网络中还存在着营造这种权力运作的场景，即司法仪式。以中国理想型的庭审为例，法官穿着法袍，挥动法槌，处于庭审的中心至高点，上方悬挂国徽，左右两侧分别为原告和被告，在法庭审理时法官使用规范的法律术语。这些仪式都象征着法官作为仪式的主持者的权威性。在司法权力运行的场所，法官是出于超然中立裁判的地位，他是代表国家行使审判权，是司法公正的化身。总之，司法仪式中包含了主观和客观交织在一起的结构关系网络。司法权力的运作，通过法庭的空间布局和建筑风格，程序化的举止和语言，象征性的法庭服饰、器物等，显现出庭审过程中诉讼参与人自身在仪式中的特征。概言之，司法仪式的各要素表达着司法权力的关系。

三　维护司法"剧场化"的方位意义

仪式是人类的"社会行为",即仪式是社会生活的实践过程。因此,在仪式中人们尊重社会本身,仪式有助于确认参与者心中的秩序。"司法的剧场化是指在以'剧场'为符号意象的人造建筑空间内进行的司法活动类型。当然,这里的'剧场',更多地具有隐喻意义。"[①]

剧场严格划分出舞台与看台,保持距离界限和区域界限。演员与观众的位置也完全地分离,并且有各自的"角色":演员在舞台表演,观众在看台欣赏,二者在各自的位置扮演着自己的"角色"。同时,在舞台上演出的"演员"都是有固定的出场顺序,其在舞台的位置也是预先设定好的。而观众在台下的看台欣赏,其在演出时的语言和行为也受到了剧场的约束,比如不允许大声喧哗,鼓掌也要在演出高潮或是结束时等,还有在舞台上的布景、道具是固定的,以便剧情的展开。

同理,在法庭内进行的司法活动,具有"剧场"的特点。法庭分为两个区域——审判区和旁听区,法庭既阻隔了法庭审理活动与法庭外活动的空间,也划定法官和诉讼参与人与一般的旁听人之间的角色及活动的界限。因为在现实社会中,作出法律裁判都会受到来自各方面的压力和影响,而作出面面俱到的判断非常困难。因此,需用"剧场化"的司法仪式来创造一个相对独立于外部环境的决策"隔音空间",以防止法庭之外和之内的各种

[①] 舒国滢:《从司法的广场化到司法的剧场化》,《政法论坛》1999 年第 3 期。

"嘈杂的声音",以及对庭审活动乃至判决活动可能造成的干扰。在法庭上只有原告、被告、证人、代理人,而不管他们在社会上是什么样的身份与地位。在审判区内,法官在法庭中心且高高在上,两侧是当事人的位置,与法官保持相等的适当距离。法官对面是证人宣誓作证的位置。像舞台表演一样,由法官、检察官、律师和当事人等参与的庭审活动也是一种表演,并且也是按照一定的程序进行活动。正如伯尔曼所言,"陪审员、律师、当事人、证人和所有参与诉讼的其他人,也因为开庭仪式(随全体起立而喊出:'肃静!肃静!'),严格的出场顺序,誓言、致词的形式以及表明场景的其他许多仪式而被赋予各自的使命和职责"。[①] 不过,法庭演绎的不是由编剧们虚构的情节,而是发现案件事实的过程。在旁听区,旁听者必须遵守严格的法庭纪律,在其位置上严肃地"观赏"法庭审理过程,感受法律的神圣与权威。

在法律里,司法仪式的剧场化,不仅为了彰显法律公平、正义、秩序的价值,更是为了唤起人们内心将其视为生活终极意义的感受。司法中法庭场景的布置,严格的庭审纪律和庭审仪式性的语言、动作,庄严肃穆的法庭氛围的营造,这些带有象征意义的"剧场化"仪式,会时时激发庭审参与人(无论是法官、检察官,还是当事人、证人等其他诉讼参与人)的角色意识,唤起司法者的法律职业精神,也使司法仪式的其他参与人在"角色"中,实现司法正义的理想,表达共同的权利、

[①] [美]哈罗德·伯尔曼:《法律与宗教》,梁治平译,中国政法大学出版社2002年版,第21页。

义务观念，对公正审判的要求，对法律自相矛盾的反感，受平等对待的热望，对非法行为的憎恨，以及合法的强烈诉求，等等。

综上所述，人能认知事物，符号化的思维和符号化的行为是人类生活富有代表性的特征。通过人们内心的主观世界对客观对象的认知，从心理结构外显为符号结构，即把内心结构中的认知表达为外在的行为、语言以及文字，等等。正是这个外显的符号结构，使得人类认知的客观性也有了"客观的"表达机制。司法仪式是审判程序中人们认知法律价值、精神和理念的客观表达机制。即通过象征符号的结构形式来体现，包括：法庭的空间布局以及庄严肃穆的法庭建筑的风格，象征化的法袍与法槌等法庭器物，法庭所有参与者肃穆的表情、语调和法律专业语言，严格的法庭纪律规则，固定的诉讼程序等，司法仪式的象征意义通过整体性的结构进行表现。这并不是静止的展现，而是象征符号整体的动态进行，是从制度分析转向过程分析的背景，"把审判视为过程、即程序参与者的相互作用的过程"[1]。因此从司法权力（主要是法官行使审判权）角度阐述其意义和功能，并且重视过程分析中当事人的视角，因为当事人参与庭审的模式在诉讼结构中的地位和作用深刻影响着司法的仪式化、程序化。也恰恰是在这种仪式化或戏剧化的过程中，法律在不知不觉被作为一种神圣的终极目的或权威表象而为每一个参与诉讼的人接受了。[2] 概言之，司法仪式的象征意义既不是纯粹象征符号对人自发的作用，

---

[1] 季卫东：《法治秩序的建构》，中国政法大学出版社 1999 年版，第 384 页。
[2] 方乐：《法的场域分析？——以 1997 年的一次学术论战为背景的展开》，《法律科学》2006 年第 1 期。

也不纯粹是人的主观印象，而是对象功能和主体需求的适应性，是二者之间的契合关系。

第三节 司法仪式的功能

如前所述，仪式即社会的表象或象征模式，在此表象或模式中，呈现着有关社会秩序和社会冲突。从结构—功能主义立场出发，主张一切社会制度或习俗、信仰、仪式等的存在，都是由于它们对整个社会有其独特的功能。① "仪式的象征符号使不能被直接感知的信仰、观念、价值、精神和气质变得可见、可听、可触摸，感觉至上的'实体化'不仅使对纠纷、矛盾、冲突进行仪式化、戏剧化处理成为可能，同时预示仪式化、场景化解纷的必要甚至特定情形下的必然。"② 在司法仪式中，象征符号处于仪式的特定位置结构上，并综合传递其相应的象征意义，从而在法律文化层面对司法仪式的参与者产生一定的影响。

作为社会文化现象的仪式是社会秩序的展演，对社会体系有不可或缺的作用。仪式的社会化，其实不过是检验它的功能在社会生活中的实现状况和程度。法律功效发挥是法律的内在品质与司法仪式共同作用的结果。司法仪式能够强化法律的内在品格，使之获得人们的认同。通过仪式活动，塑造并加强了个人与社会之间的联系。司法仪式实质上是一种手段、工具，社会共同

---

① ［英］拉德克里夫·布朗:《社会人类学方法》（前言），夏建中译，华夏出版社 2002 年版，第 3 页。

② 曾令健:《纠纷解决仪式的象征之维》，《社会学研究》2008 年第 4 期。

体通过它来重新肯定自身。可以说司法仪式的功能发挥是法律功效的外在体现。据此，笔者将司法仪式的功能概括为以下四个方面：

一 情感的沟通功能

仪式是在群体之中产生的行为方式，它们必定要激发、维持或重塑群体中的某些心理状态。涂尔干认为，"仪式首先是社会群体定期重新巩固自身的手段"。① 仪式必须保证信仰不能从记忆中抹去，使集体意识最本质的要素得到复苏。通过举行仪式，群体可以周期性地更新自身和统一体的情感；与此同时，个体的社会性也得到了增强。那些被一个有共同的信仰联合在一起的个体，在共同的仪式活动中意识到他们在道德上的一致性。仪式是一种强制性的社会力量，是把人们结合在社会体系之中的社会意义的象征性表现。② 同理，在司法仪式中，同样具有象征性的司法"道具"和"行头"的符号体系最直接功能就在于，唤起并促使仪式参与者对法律文化意义系统的认同，并实现司法公正和权威等法律文化与仪式参与者思想情感的互动。

（一）强化人们与诉讼程序的交流

仪式对于社会结构和人际关系而言，它的一个基本的原则就是交流。仪式的象征符号通过整体性的结构进行表现。在特定的司法仪式中，法律的公平正义需要一个形式来体现，即在法庭这

---

① ［法］爱弥尔·涂尔干：《宗教生活的基本形式》，渠东、汲喆译，上海人民出版社 1999 年版，第 521 页。
② 同上书，第 507 页。

个封闭的场域内，包括了各种象征符号：法官的法袍、法槌、法庭布置、法庭的语言、开庭的程序等。这些法律符号表达了一个法律信仰的主题，构成了司法仪式的时空交错的情景，同时对在这一仪式中的法官、审判员、律师、当事人、证人及其他参与人会起到影响作用。符号化的司法仪式是神圣之物，作用于人的情感，彰显共同的社会价值信念，反映法律的公平、正义、平等的价值，唤起人们的法律信仰情感。正如伯尔曼所言：法官袍服、法庭布置、严格的出场顺序、誓约、尊敬的辞令不仅使法官本人，而且也使得所有参加审判过程的人，使全社会的人都在灵魂深处体会到：法律是如此神圣！[1]

（二）培育人们对法律的信仰之情

信仰是人内心的确定，是理想的生活，是人的终极意义和价值。人的信仰内化为人自身的内心体会，是确信的。信仰是对自然、社会与个体存在的信念假设，仪式则是表达并实践这些信念的行动。格尔茨认为，"在社会学的研究中，强调信仰，特别是仪式加强个人之间的社会纽带；它强调群体的社会机构通过对最为基础的社会价值的仪式化或符号化得到加强和保持长久。"[2] 仪式是为维护信仰的生命力服务的，而且它仅仅为此服务，仪式必须保证信仰不能从记忆中抹去，必须使集体意识得到复苏。简言之，仪式是信仰的载体，体现并表达信仰。

信仰是人们精神和心灵的最高境界，其在人类认知之初是以

---

[1] ［美］哈罗德·伯尔曼：《法律与宗教》，梁治平译，中国政法大学出版社2002年版，第21页。

[2] ［美］克利福德·格尔茨：《文化的解释》，韩莉译，译林出版社1999年版，第174页。

对事物的相信和确认为基础的,所以在人们进行司法仪式的过程中最先体验的是对法律的信任。仪式是一种亲历性的参与活动,因此其具有独立的价值,可以保证公民对仪式参与的自觉宣传。如果一项决议的作出是民意参与的结果,这不仅仅意味着公民享有自由,有机会表达自己的意见,可以自行决定自己的命运,更为重要的是获得普遍有效的实施。司法仪式是参与的过程,其参与的意义在于:一方面,庭审中当事人提出证据和进行辩论,案件的事实可能查清,法官适用法律能够更加准确;另一方面,通过当事人深度参与司法仪式,给予其对话的平台,可听取和知晓当事人对裁决结果的意见。这样的判决结果才能为当事人所信服,能够真正的解决纠纷,使人们由内心产生对法律的信仰,甚至选择法律的方式生活。司法仪式是象征符号展演的过程,是不断整合社会关系的过程,也是不断内化人们对法律信仰的过程。

二 社会的整合功能

(一)重塑社会关系

在法人类学视野中,司法仪式,是在特定场合中,依照既定的规则,通过实施一种展演将现实社会关系置换到一种拟制状态中,从而在建构的场景中达至对现实社会关系的改变,而且该展演过程本身被等同于对正义的追求和信仰。将司法仪式置于社会生活之中,并延展到诉讼活动的前后阶段,最后可以利用维克多·特纳的象征仪式理论(分离—阈限—融合)来阐释审判仪式如何将不稳定的社会关系重新塑造。

第一,当纠纷导致社会关系不稳定,且该不稳定状态冲击社会秩序时，相关的社会关系主体就可能将纠纷提交给司法机关，并参与到具体的司法仪式之中，从而将该不稳定社会关系从正式的社会结构中脱离出来。这就是所谓的过渡仪式理论中的第一步，即分离。类似人类学在仪式研究时所表明的那样，自相关的诉讼活动伊始，该不稳定的社会关系就进入一个分离过程之中。需要注意，该分离在更大程度上是一个过程，而非一种单纯的状态。

第二，司法仪式的关键之处还在于，在象征主义的层面将既有社会结构中处于不稳定状态的社会关系通过司法仪式暂时地、仪式化地固定下来，使之不再影响和作用于正式的社会结构与社会关系，并通过司法仪式最终对该不稳定社会关系状态予以评价（否定性或承认性评价）。对于不稳定的社会关系在司法仪式中实现转变的问题，美国学者哈罗德·加芬克尔曾以刑事审判为例形象地表达过审判仪式对社会关系转变的象征含义。加芬克尔将刑事审判描述为"贬黜人格的典礼"，是一场精心编导的提出和检验证据的戏剧，法定程序和角色的扮演为成功地谴责违反社会规范的人创造了条件。[①]

第三，不稳定的社会关系经过司法仪式被重新整合进社会结构中。这就是过渡仪式理论的第三步，即融合。司法仪式中，融合过程主要体现在裁判的强制力以及裁判的执行两个方面，而融合的方式则可以具体分为两类。其一，通过司法仪式将失衡和被扰乱的不稳定社会关系重新整合到社会结构中，即

---

① ［英］罗杰·科特威尔：《法律社会学导论》，潘大松等译，华夏出版社1989年版，第254页。

矫正。这是治理不稳定社会关系的通常做法，该过程本身充满了对秩序恢复与关系安定的追求和向往。其二，通过司法仪式承认不稳定状态下的社会关系以及社会安排，并使之合法化。换言之，就是将处于不稳定状态的社会关系合法化，并使之为正式的社会结构所认可和接受。该类情形的显著例子就是自然债务的不履行。

（二）解决社会纠纷

从功能论的视角，社会学家涂尔干、帕森斯及默顿等人认为，纠纷是社会普遍存在的现象。洛克论述了解决社会冲突中司法制度发挥的重要作用："第一，在自然状态中，缺少一种确定的、规定了的、众所周知的法律，为共同的同意接受和承认是非的标准和裁判他们之间一切纠纷的共同尺度……第二，在自然状态中，缺少一个有权依照既定的法律来裁判一切争执的知名的和公正的裁判者……第三，在自然状态中，往往缺少权力来支持正确的判决，使它得到应有的执行。"[①] 发挥司法仪式的纠纷解决功能应从以下几方面着手：

第一，通过限定当事人在司法仪式中的行为，吸收、化解矛盾冲突，防止纠纷升级。纠纷解决过程中，司法仪式的象征符号通过直接触动参与者对符号感觉极的朴素认识，进而激起其对符号理念极所欲指向的潜在的价值、信仰甚至权威的先验性认同，实现纠纷在特定场域中边缘化、模糊化，以至于纠纷被具有象征意义的仪式所"除"——通过仪式吸收、化解社会紧张、不满、

---

① ［英］洛克：《政府论》，叶启芳等译，商务印书馆2005年版，第78页。

矛盾冲突。① 在司法仪式中，法官的法袍、法槌、法庭的布置、法庭中使用的语言、法庭的气氛、法院建筑外观特征、法律文书的样式、证人宣誓程序、执行刑罚的方式等，都是法律既定的，所以构成"司法空间"的机构意味着在行动者之间确立边界，②参与人享有在法庭审判过程中的自由和权利是限制性的。限制的目的并不是为了形成专制特权，而是为了平衡谈判主体之间的地位，使其能够平等的对话，化解纠纷。现代宪政体制的发展之路就是限制权力之路，宪政国家的权力结构就是平衡和制约公权力，与公民权利形成平等的关系。

第二，使当事人之间参与司法仪式的能力达到平衡，即平等地解决纠纷的协商能力。现代诉讼法强调当事人在诉讼地位上的平等，权利义务的对等。所有在庭审过程中，由于地位、身份、能力、金钱等因素的介入，使当事人在日常生活中并不是完全平等的，但是在庭审中法官作为居中裁判者，应不偏不倚，平等地对待双方。在刑事审判过程中，作为双方当事人的权力和地位相差悬殊，因为一方是一般的公民，另一方是代表国家的检察机关，所以为了使双方当事人能够在庭审过程中实现诉讼权利和诉讼义务的平等，需要在制度上保证公民在刑事诉讼中享有的辩护权足以与检察权抗衡。而庭审中，对双方位置的摆设也是其诉讼地位的体现，如将犯罪嫌疑人席设置于法官对面，而将公诉席置于法官一侧，明显的表明双方地位不平等，犯罪嫌疑人有成为诉讼对象的危险。而律师因为与犯罪嫌疑人远离，不能随时交流，

---

① 曾令健：《纠纷解决仪式的象征之维》，《社会学研究》2008年第4期。
② [法] 布迪厄：《法律的力量——迈向司法场域的社会学》，《北大法律评论》，强世功译，北京大学出版社1999年版，第515页。

造成辩论权很难充分有效的行使，无法使辩论权与检察权制衡。这样的法庭的布局，很难让人产生双方当事人平等的印象，反而会有法官同检察官有一样的诉讼目的，他也是追究、控诉、审讯犯罪嫌疑人一方的印象。所以司法仪式在形式上展现了法庭上双方当事人力量对比的真实情形。

三 规训、惩罚、教育功能

在法庭中的规训与惩罚是公之于众的，具有解释、自我证明和昭示罪行的作用，更具有教化的意义。人类学家都持有相似的观点，认为由于仪式具有公共性，比起日常生活中的"秘而不宣"、"未充分言明"以及缄默的意义而言，仪式是为集体和公开地予以"陈述"的事件，较具有经验的直观性，因此司法仪式也是公开的展演。如法庭公开宣判阶段，法官宣读判决并向公众宣布罪名和刑罚，表示法律对违法者的制裁。惩罚应是一种制造效果的艺术。[1] 仪式的每个构成因素都应能揭示和表征法律的威慑性，使人们相信法律，现实惩罚的必要性，证明惩罚的适度性。这种易懂的教训方式，仪式化的司法符号的灌输，经常反复地进行，向民众的头脑灌输维护社会秩序的观念。正如米歇尔·福柯曾洞察出，"公开惩罚是直接重新灌输符码的仪式"[2]。进而论及，法律的服制、标记、象征物等象征符号体系交织成的场面，应能得到迅速的传播，并能最普遍地被公民所接受。从另一方面，人们甚至每时每刻都能看到这种惩罚所带来的残酷的

---

[1] [法]米歇尔·福柯：《规训与惩罚》，刘北成、杨远婴译，生活·读书·新知三联书店 2007 年版，第 103 页。

[2] 同上书，第 124 页。

场面。这种司法仪式的运行过程，带有明显的戏剧性，使其"表演"更具说服力。也就是说"法院的审判应当帮助人精神净化，而不应在我们尊严上再施暴行。它应该把蕴涵在法律程序中的价值戏剧化，而不是漫画化"。[1] 司法仪式惩罚的场面在公众心目中确立或加强了法律权威，同时这种审判更应具有教育意义。

通过裁决、训诫和惩罚等方式直接将法律知识传入人们的日常活动和思维观念之中。庭审的参与人在庄严和肃穆的法庭氛围之中，通过诉讼程序的运行过程，潜移默化地认识、感知、接受法律知识的过程，并将接受的法律教育外化为行为模式，乃至日常处世方式，从而实现了法律制约社会的作用。比如法官在开始审理时、宣布判决时以敲击法槌为标志，上述行为并不是随意的，而是严格遵照法定的方式，这些行为反复地实行，实质是向庭审的所有参与人乃至社会一般公民形象地宣讲法律规定的内容；同理，作为法庭最终裁决的判决书，它包括了法官判决的理由和适用的具体法律条文等内容，在法庭公开宣判的过程中，使双方当事人了解法官形成心证的法律推理和逻辑论证过程，清楚法律的强制力和拘束力。

规训、惩罚、教育功能体现在法官运用审判权的过程中。在庭审中，法官是仪式的主持者，其本质是运用法律评判争议是非的过程。从另一个层面看，法官扮演的是教师这一角色，他主持着仪式的进行和展开，在法庭上宣讲法律的原理，裁断

---

[1] [美]哈罗德·伯尔曼：《法律与宗教》，梁治平译，中国政法大学出版社2002年版，第34页。

当事人的对错。总之,庭审时的法官具备宣讲法律大道理的教导性,使当事人、旁听人员乃至一般公众知晓裁断的理由,让人们知晓做哪些事情是违反法律,应该受到何种处罚;哪些行为是法律所保护,是合法的,甚至法官可以通过象征符号的展演而表达法律的精神,而无须阐明具体法律适用的法理。综上,司法仪式是法官履行作为教师这一角色的宣传、普及法律的职责活动。

四 文化的传播功能

人类的创造,本质上都是人类按照自身生存的需要把人性物化,使自然人性化,于是才创造出一个新的属于人的物件,此即人类所说的文化。仪式是人类创造出来的社会文化现象。仪式的诸要素如仪式信仰、仪式行为、仪式器物等对社会文化的各方面都有重要的影响,展现了仪式的社会文化功能。也正是在符号的意义和应用上,仪式文化表现出区别于其他文化符号的特点。因此司法仪式中诸要素的符号形式,无论表现为语言或表现为意念和体验,还是表现为象征性的身体动作,其意义和内容所指的对象,总是参与者对于法律神圣性的感受和体验,以及人与法律之间的关涉与交际。可以说,仪式是反映社会价值的文化载体,是交流信息的语言,传递文化的信息。司法仪式是一种实现思想和行为交流的文化媒介。[1] 司法仪式是特定法律文化传统的产物,它承载着一个民族的司法价值诉求并

---

[1] [美] R. 沃斯诺尔等:《文化分析》,李卫民等译,上海人民出版社 1990 年版,第 115 页。

将之传导给民众。

第一，司法仪式是以职业法律文化为主导的文化，同时注重与大众法律文化进行沟通、对话。法律文化广义上涵盖了与法律制度有关的所有文化现象，可以是"公众对法律制度的了解、态度和举动模式"。[1] 所以职业法律文化与大众法律文化之间存在一种紧张，它们背后是法律职业者和社会大众之间的话语权力的张力。司法是一项专业活动，依照固有的、专业性的原则和制度运行。法官等审判组织对案件事实的认定是根据证据的规则和法律规则所规定的标准和固有的逻辑方法来进行的。司法活动的文化意义由法律职业者主导，它向外部的社会公众展示了法律的文化内涵。司法仪式为大众法律文化与职业文化的交流与沟通搭建了对话平台，是两个文化群体对法律文化的内涵进行沟通的媒介。通过司法的仪式性展示过程公众逐渐了解和理解法律文化，并与之建立起沟通机制，即在社会体制内的司法审判与社会舆论间形成良性互动。或者也可视为是在司法权威与社会舆论相互影响中达成的合作。现代意义法治国家的司法过程既是仪式性的展演，更是法律与公众对话的一个范例。

第二，通过司法仪式中符号象征意义的文化内涵，庭审的参与人可以了解和学习法律的理念。按照符号人类学的解释，仪式本质是人运用符号创造的过程，是人类符号化思维和符号化行为所产生的结果。人类之所以应用符号创造仪式这种文化，其根本原因无非是人类生存需要，以及维系由此而衍生的人类全体的社

---

[1] ［美］弗里德曼：《法律制度》，李琼英等译，中国政法大学出版社1994年版，第227—228页。

会秩序和行为规范。法庭审判中，仪式参与人应与仪式建立积极互动的关系，而不是被动地接受法官指挥。他们通过参与仪式，使内心理解和感受符号蕴涵的象征意义，切身体验到法律价值。庭审的现场便成为人们了解、学习法律的课堂，其负载法律意义的象征符号就是传播司法知识、输送司法理念的教学工具。例如法袍、法槌作为一种法律文化现象，有其丰富的内涵。法官执行这一社会功能的权力并非仅来源于国家武力，更是来源于法官本身的专业智慧。人民法官从军警式的肩章、领花和大盖帽（武力的象征）转换成法袍（专业智慧的象征）直接反映出这种理念的复归。

综上所述，我们不应该忘记"仪式中的象征符号不仅是表现已知事物的符号；人们还感觉到这些仪式象征符号具有仪式的效力，载有从不可知的源泉那里得到的力量，能够作用于他们发生关联的人们和群体，使他们向更好的或所希望的方向改变。简短地说，象征符号既有认知的能力，也有刺激欲望的能力。它们引出情感、表达和调动欲望"。[①] 因此，司法仪式中的每一次行为、每一段语言、每一个器物的摆设都是设定的，法庭中布局和氛围是由司法符号构成，并被赋予了特定的意义，同时司法符号发挥各自的功能，在整体上形成体系，构成司法仪式的结构。司法仪式的主体（法官等司法工作人员、当事人及诉讼参与人等）、案件事实和法庭所需之物件都不是简单、任意的组合，而是遵循符号的象征规律的物件、语言、行为等，处处展现着法律所要表达

---

① ［英］维克多·特纳：《象征之林——恩登布人仪式散论》，赵玉燕、欧阳敏、徐洪峰译，商务印书馆2006年版，第53页。

的内在意义，影响人们对法律的信仰情感，进而使法律成为社会控制的重要力量。仪式的象征符号通过整体性的结构进行表现。在特定的司法仪式中，法律的公平正义需要一个形式来展现，法官的法袍、法槌、法庭布置、法庭的语言、开庭的程序等，它们最终表达的是法律追求的正义、公平、秩序的价值。

第五章　当代中国司法仪式的一般状况

从符号学视角分析，符号主导着我们的生活。同样，一个法治社会，也是由一系列独特的法律仪式及其符号来运作的。进一步可以认为，"在历史与现实的法律实践之中，法律规范与制度的价值与意义的显现，法律规范与制度的社会效果的获得，在很大程度上都是通过法律的仪式及其象征符号呈现的。因此，在大规模开展我国社会主义法治建设的今天，我们不能不认真面对，并思考其实际存在的法律符号与仪式，特别是司法仪式及其象征符号所表达的意义和价值，以及其与法治精神和原则的契合情况。"[①] 按照笔者前文的界定，司法仪式是指在法庭场域内，依照既定的一系列规则和程序，将司法权型构出来的符号体系展演的过程。司法仪式的实际运作情况又是如何？其构成要素是否表达了相应的象征意义和功能？怎样的司法仪式才蕴涵了法治精神？因此，有必要从中国现在司法运行的实际情况下手，作一番客观情

---

① 姚建宗：《法治的生态环境》，山东人民出版社2003年版，第226页。

况的考证。

第一节 中国司法仪式运行的现状

一 司法仪式的过程：个案描述

个案研究方法是法文化——人类学的方法之一。从广义上讲法文化——人类学方法可以被归入社会实证范畴，但由于它更多关注国家实在法之外的秩序形成机制和规范存在形态，因此具有明显不同于社会实证的特征。霍贝尔论及了法文化——人类学方法的三种进路："第一种是设想和寻求认为恰当引导和控制人类行为的各种规则；第二种是描述性的，它与实践相联系，探讨实际发生行为所依据的模式；第三种方法是研究一些是非瓜葛、争执冤屈和麻烦事，查究因何发生争议和如何解决。除此之外，第三种研究方法还调查——如果可能发现的话——问题发生的内在动机和处理后的结果。"[①] 劳拉·纳德尔则提到法人类学所利用的个案材料通常有四种类型：观察的个案、记录的个案、记忆的个案以及假设的个案。[②] 对于个案的描述是以将庭审视为一个过程并保证其完整性（包括开庭、法庭调查、法庭辩论、宣判），是参照棚濑孝雄的过程分析方法进行的，将"审判视为过程，即程

---

① ［美］E.A.霍贝尔：《初民的法律——法的动态比较研究》，周勇译，中国社会科学出版社1993年版，第13页。

② ［美］劳拉·纳德尔：《人类学视野中的纠纷解决：材料、方法与理论框架》，《迈向社会和谐的纠纷解决》，徐昕编，中国检察出版社2007年版，第212页。

序参与者的相互作用的过程"[1]，侧重于以法院（也可以是法庭）为背景进行考察。本书参考上述方法，主要采取从文献、视频资料中描述、提炼、概括相关案件内容的方法，通过分析影像资料和调研材料，对我国经济发达省份的中级人民法院已经在庭审过程中注重使用部分仪式象征符号的现实情况，分析其使用相关规章制度的硬性要求是审判业务考评和业务的结论。因而，司法仪式的法治意蕴和精神并没有被展示。据此，笔者以下述案件为例，予以阐明。

笔者选择的2010年1月9日中央人民广播电视台第12频道（CCTV-12）播出的庭审现场节目《游戏人生的亲情悲剧》，是由浙江省杭州市人民检察院提起公诉，浙江省杭州市中级人民法院审理的儿子杀害父母一案[2]。具体庭审过程描述如下：

> 在法庭审理区域，正中悬挂国徽，审判席中间坐着主审法官，他并未穿着法袍，而是穿着月牙白衬衫，系红色条文领带，衬衫右侧绣有胸徽（此系法官夏式制服）；其两侧各坐一名女性审判人员，她们未穿着法官袍、也未穿着法官制服，而是穿着日常衬衫。审判席右侧是公诉人坐

---

[1] ［日］棚濑孝雄:《纠纷的解决与审判制度》（代译序），王亚新译，中国政法大学出版社2004年版，第3页。
[2] 年满21岁被告人郎琪因为透支信用卡欠下债务，为还卡债，遂产生杀害父母继承遗产之念，于是2009年3月23日凌晨用刀杀死其父，伤害其母后潜逃。在安徽省被警方擒获。具体案情详见http://video.baidu.com/s?n=19&word=%CD%A5%C9%F3%CF%D6%B3%A1%2020100109&f=4。本书对审判过程予以客观描述，以期揭示司法仪式的各种要素在审理过程中如何发挥其功能、表达何种象征意义，同时对这样的司法仪式是不是符合法治的精神和意蕴，尝试进行法律理论上的探讨。

第五章 当代中国司法仪式的一般状况

席,两位公诉人穿着深蓝色衬衫,衬衫右侧绣有胸徽(此系检察官制服)。审判席左侧是辩护人坐席,律师穿着日常衬衫。法官席下方是书记员的位置。法官席正对面,约五米处是被告人的席位,独立用铁栏杆围成,其后是旁听区域。

(庭审开始,法官宣布开庭,敲法槌一下)

法官:带被告人郎琪到庭。

(此时由两名法警把被告人带入被告席,被告人站于其中,穿着白T恤外套黄色马甲,双手于背后戴着手铐,脚上有脚镣。头发已经被剪剩半寸,被告身后两侧各坐一名法警,身着法警制服,一种类似警察制服的蓝色衬衫,头戴类似于警官帽的帽子。)

接下来法官进行被告人身份信息核对,其后由公诉人宣读起诉书。公诉人起立并开始宣读起诉书(具体内容省略),进入法庭调查阶段。

法官:被告人对起诉书指控的故意杀人的罪名和犯罪事实有无异议?

被告人:没有。

法官:公诉人对指控的事实进行讯问。(公诉人对被告人讯问的具体内容省略)

法官:被告人的辩护人是否有问题需要发问?

辩护人:没有问题。

法官:被告人郎琪,本庭补充问你几个问题。(具体内容是关于被告人杀人动机和实施犯罪过程的细节,详细内容省略)

接下来进行证据的质证和认证。公诉方和辩护方先后进行了物证、被害人陈述、勘验笔录、鉴定结论的举证和质证，其中除对被害人陈述证据有争议外，其他证据双方并无争议。由于本案被告人对所犯罪行供认不讳，所以此阶段进行地比较迅速。

进入法庭辩论阶段，公诉人对被告人所犯罪行及量刑提出意见；辩护人也为被告人能够从轻处罚提出辩护意见，主要提交的是近亲属希望被告人减刑的意见书，被告人悔过自己的杀人行为的悔过书。最后进入被告人最后陈述阶段，被告人对所进行的杀父行为深感后悔，并对自己的母亲表示担心，想从轻处罚获得照顾母亲的机会。

最后法官总结：合议之后另行宣判，把被告人带下去。庭审结束。宣判是选择在几日后，法官考虑被告人有悔罪表现，并且其母及其他近亲属希望其从轻处罚，最终法院判决被告人死刑缓期两年执行。

二 中国司法仪式的一般状况

从案件的描述中，我们不难发现，在我国法庭审理过程中，基本有了司法仪式的表达，司法工作人员遵照既有的规则来展演法律实践的仪式，这说明构成司法仪式的象征符号在法治建设中发挥了重要的作用，这具有积极的意义，但是本案中的司法仪式的运行存在几个方面的问题：其一，司法仪式的过于简化。在本案中忽略了法官的进场仪式，省略为审判长、审判员先后就座后审判长宣布庭审开始，违反了有关"审判人员进入法庭时，全体人员应当起立"的规定。其二，司法仪式的任意。审判长、审判员服饰穿着混乱。审判长并未穿着法官袍，而是穿法官制服，审判人员穿着日常的便装。在视觉上，公诉人的制服和审判长的制服样式类似，衬衫右侧都带有徽章性的标志，而且同属蓝色系，只是公诉人的衬衫颜色更深，并且没有系领带。这样的穿着会使人感觉二者在法庭上会有相同或类似的身份，只是不同的位置，但实质的利益是共同的。尤其是在刑事审判的过程中，更容易使被告人感觉法官和公诉人都在其对立面，都是运用国家权力追究其刑事责任，而忽视法官是居中的裁判者，是站在中立的立场来公平裁判，在法庭调查阶段，法官讯问被告人的问题远多于公诉人，并且占用了大部分的时间。其三，司法仪式的"走过场"。法官之外的两名审判人员没有说一句话，成为一种程序的"摆设"。在案发现场的唯一证人也是被害人，她并没有出庭作证，而是由公诉人宣读了证言。

这个案件可以折射出我国的司法仪式存在的一些问题，但是并不是所有的问题都会涵盖，笔者只是想借此案件说明我国司法仪式存在的一些显而易见的不足，我国司法仪式的象征意义和蕴涵的社会情感与真正的法治精神和观念并不符合，笔者将其缺陷概括为以下几个方面：

第一，我国的司法仪式，体现了一种"大众化"的情结。理想的法庭审判应是在庄严、肃穆的氛围下进行仪式。而我国法庭审判的气氛，在大多数情况下却是"轻松"、"随意"的。这种法庭"开放化"和"随意性"，更多地体现在司法仪式构成要素的"大众化"与"日常化"。这种

"大众化"通过构成司法仪式的各种形式的象征符号表现出来，概括为：司法工作人员服饰和行动、语言的"大众化"与"日常化"。

司法仪式中，司法工作人员穿戴服饰随意、日常化。司法工作人员的服饰、配饰是最鲜明的司法符号，最高人民法院《人民法院法官袍穿着规定（试行）》规定，法官在法庭开庭审判案件时，必须穿着法官袍。还有自2001年5月1日起实行的最高人民法院关于印发《人民法院制服管理办法（试行）》第20条规定，基层人民法院开庭审理案件时，一律穿着佩戴胸徽式制服；最高人民法院、高级人民法院、中级人民法院开庭时审判人员穿着法官袍，书记员穿着佩戴胸徽式制服。以本案为例，存在明显不按照规定随便穿着法官服饰的情况。本案是浙江省杭州市中级人民法院审理的案件，按照有关规定审判人员应穿着法官袍，而本案中的主审法官只是穿着法官的夏式审判制服，其余两名审判人员则是穿日常便装参加法庭审判的。可见，我国的司法工作人员的穿戴是很随意的，并没有遵守相应的规则，本案是在较大的中级人民法院审理的案件，同时审判人员还预先知道此次开庭审理的过程要录像，所以审判人员应该在开庭前对自己的形象和穿戴做精心准备的，可以推测此次庭审审判人员"穿错"衣服的原因只能是其忽视了服饰的相关规定，而自由选择的结果，可见，审判人员在庭审过程中忽视穿着的礼仪。推而广之，在基层法院、派出法庭中，忽视自己服饰的审判员将比比皆是，基层的司法资源还相对紧缺，法官疲于应付大量的案件审理，无暇顾及开庭时应该如何穿戴。这样庭审没有庄严、肃穆的法庭气氛，而更多的是日常化的情绪。退而言之,法官穿上了法袍,他是否必然体验到了法袍象征的神圣、权威、理性的意义呢?我亲历的庭审,审判人员多将所穿的制服、法袍视作一种形式,受穿制服或法袍产生行政处罚的威慑,而"不得已穿之"。虽然我国已经施行法官服饰制度近十年,但是这项制度并没有被有效地执行,大多数法官并不知道穿法袍的意义,大多数的情况下是"例行公事",也就形成了审判人员随意的现状。所以,作为司法符号所象征的法治的精神和价值无从表达。

司法仪式中,司法工作人员语言的"大众化"。在广大的基层法院和派出法庭,主审法官普遍使用"日常化"的语言来进行法庭审理,其所使用的"大众话语"方式,使法律剥去了"神秘的面纱",变成是人们"喜闻乐见"的,街头巷尾随处可听到的话语。司法工作人员"大众化"的语境,是违反庭审语言功能性要求的。"庭审语言作为机构话语有特定的为任何其他活动所不具有的严格的程序规范。庭审语言是严格受法庭这一机构的限制,并形式上具有一定的结构性。即在法庭审判上体现为严格的纪律约束和程序约束,庭审必须分阶段和分步骤进行。庭审语言在很多方面不同于日常话语。"[1] 例如,庭审语言不是两个或两个以上说话人之间进行的真正谈话,因为法庭审判过程中的每一句话都是为法官和审判人员按照法律审理技术设计的,法官和审判人员要通过这些对话发现法律上的真实,并以此为依据作出公正的裁判。在法庭对话过程中,

---

[1] 李琴:《法官庭审语言之评析》,《河南省政法管理干部学院学报》2007年第5期。

谁说话、说什么以及什么时候说都必须遵循特定的规则。当然我们不要极端化，虽然法律职业者的语言要和公民的语言保持一定的距离，也不能一味地追求让老百姓听不懂的专业术语。仪式中司法工作人员的语言应该是非常专业化的，他们表达的语气应有益树立法官的威信，形成法庭庄重与严肃的气氛，使人们产生对法律的信赖和尊重。

第二，司法工作人员和其他参与人行为的随意性。我国司法工作人员（尤其是广大基层法院、派出法庭的工作人员）在法庭上的举止随便，比如打手机、离开坐席、甚至中途走出审判庭，司法工作人员行为造成了庭审现场的随意性，法庭之门随时都是"敞开"的，任何人可以进出法庭，严重地破坏了法庭肃穆的气氛，甚至干扰了正在进行的法庭审理活动。① 在法庭开始审理之前，所有参与者包括审判长、审判员、公诉人、辩护人、被告人、司法警察、旁听人员都应进入各自的"场地"也就是在法庭审理时的位置，诉讼参与人进入法庭的法定顺序：审判长和审判员进入应该在所有人员之后，也就是在公诉人、辩护人、被告人、旁听人员之后，这时所有人员起立，法庭应该保持肃静，待审判长、审判员进入审判席就座后他们再坐下，同时法

---

① 具有代表性的是人民网报道的一则图片新闻。2008年1月3日，记者在四川省南充市西充县人民法院审判庭看到不少"怪象"。一位本该穿着法官服的女审判员，竟然穿着一款红色带毛领的羽绒服，并在庭审中打手机。书记员身着便装，一边抽烟一边听案。更让人意想不到的是，原告正在作陈述时，审判庭上响起了悠扬的手机铃声。寻声望去，只见审判长已把手机掏出来开始通话，通话时间近1分钟。原告几次抬头看到审判长根本没有听自己的陈述，"知趣"地停下来，庭审因而出现了短暂的中断。据了解，在当地一些县级法院，这种庭审怪象并不罕见。参见人民网《庭审惊现"怪象"》，(2008-1-4) [2010-12-01]，http://www.people.com.cn/。

庭的门应该关闭，法庭的所有人员在庭审过程中都不得随意走动、喧哗。严肃、紧张的气氛下的"入场"仪式，使所有人对司法工作人员抑或是法律油然而生敬仰和信任。而本案却恰恰忽略了营造这种氛围的过程，审判长、审判员随意地进入法庭，法官随便地敲一下法槌即宣布开庭。而最高人民法院于1994年开始施行《中华人民共和国人民法院法庭规则》中第5条规定，"审判人员进入法庭和审判长或者独任审判员宣告法院判决时，全体人员应当起立"。本案中法官的做法不仅仅违反相应的法规，更是对司法仪式不重视的体现，直接进行案件的审理才是其职责所在，而对旁听席上的人们如何感知法律的正义，如何能够通过庭审的过程展示司法的权威和公正。正是司法工作人员随意的行为，破坏司法仪式所固有的庄重、严肃的氛围，试想，连司法工作人员在司法仪式中无法保持其庄重严肃，参与其中的人们如何能够从司法仪式体验对法律的尊重和信仰之情？

第三，我国的司法仪式，体现了"泛形式化"的特征。人们对"法律神圣"的理解和体验首先是从能够看得见的程序开始的。这里的"泛形式化"，并不是对法律程序否定，而是将司法仪式作为"工具"或"形式"，"泛形成化"使司法仪式蕴涵的意义和功能相背离，让法庭审理的庄重性、严肃性消失殆尽，司法的权威和公信力更无从树立和表达。以本案为例，在整个庭审过程中，审判长一人参与提问，而另外两名审判人员在庭审过程中一言未发。这不得不使人产生疑问，除了主审法官外，其他审判人员在庭审过程中究竟有哪些权利和义务，在司法仪式中扮演什么样的"角色"？难道就是戏剧中的"龙套"

吗？在案件作出最终裁判时，根据我国三大诉讼法的合议制度规定，法院判决的主体是合议庭或者审判委员会。那么参与庭审的审判员就是合议庭的组成人员，所以在法庭调查、举证质证、法庭辩论阶段他们也享有同主审法官相同的诉讼权利和义务（当然程序性的主持都是由主审法官主导）。那么案件审理过程中的审判人员是具有重要的诉讼地位和作用的。另外本案有一个我国法庭审理中普遍存在的问题，即证人不出庭作证。本案唯一的证人也是被害人（被告人的母亲）并未出庭，只是宣读证言，辩护方提出了异议，无法进行质证。证人出庭作证率低，是我国法庭审判普遍存在的。其原因是多方面的，从仪式学的角度，缺乏证人宣誓的仪式是文化方面的原因。法官穿上了法袍、敲响了法槌，但是他们对于法袍和法槌等仪式性的象征符号的意义并没有完全理解，而是作为法庭审理必需的形式而为之，不知其行为的法治意义，不知其衣着和器物所重的精神价值。这样的司法仪式流于形式，不能够契合法治的观念、精神和原则。

我国司法仪式的"大众化"、"随意性"和"泛形式化"特征，使司法权威沦丧。审判人员穿便装开庭、"边打手机边审案"等现象，反映法官在庭审中对法律不尊重、不信仰的心态，对庭审过程的不重视、形式化的心理，对于自己也缺乏深刻的职业认同，于是公众产生了庭审只是装样子、法院庭审如儿戏等质疑之声。由此可见，司法仪式不仅仅是个别法官、法院自身形象的问题，而是可能引起人们对我国司法权威整体性的重要问题。那么，司法有何理由让公众相信，求助司法救济权利？对司法手段产生怀疑，而当这种怀疑成为一种普遍的情绪时，司法权威也就开始丧失了。司法仪式首先构成了一种庭审的叙事方式，是法院文化的重要体现。但法官在人们心中的正义形象却日益模糊，公众对司法活动的不满已经是一个颇具解决难度的问题。司法权威在一定程度上存在于仪式参与者的法文化意义体系内。因为司法裁判总是受制度、程序、法官素质和传统等因素的支撑和影响，而诸多要素的权威应是社会纠纷解决机制的主要方面。司法仪式的"大众化"、"随意性"、"形式化"使司法活动与公民的日常生活之间的"距离"逐渐缩短甚至完全消失，公民对仪式性的司法活动所产生的"陌生感"也渐趋消失。于是，法律应具有的至上性与权威性，通过在庄重严肃的氛围所展演的司法仪式，必然带来法律的神圣意味，也宣告彻底失落；公民对法治的信任、信仰与尊重，也不可避免地要一点一点地失去。因此，终审裁判的质量如何、司法效率的高低，既取决于操作者的素质，更取决于程序设计的科学性和运作的规范。当代中国法治建设，要切实使司法仪式按其自身的结构发挥其功能、表达其象征意义。

中国法院的司法仪式，有人并不赞同，而是认为对基层法院司法仪式属于"奢侈品"[①]。其理由在于，担心司法仪式中宏伟的法庭布置、法庭里庄严肃穆的气氛、法官的黑色服饰、固定程式的法庭用语等要素在保持和强调司法活动的权威和尊严的同时，不可避免地将司法与人们隔阂开来，使得民众利用司法制度寻求救济的困难越来越大；同时，人民法庭的法官"田间

[①] 参见周伦军《司法剧场化随想》，《法人》2004年第2期；杨涛：《司法礼仪在基层法院是"奢侈品"》，《北京青年报》2008年1月9日A4版。

地头"① 式的审判，法官角色的行政化以及法官无法真正独立等，都是司法仪式成为奢侈品的原因。实际上，在基层法院，亦或是更高级别的法院，"司法的广场化"和"司法的剧场化"、司法的"大众化"和司法的"职业化"之间一直存在着矛盾。不过，笔者认为，问题的关键并不在于司法仪式本身，而是在于仪式之下审判程序能否按照法治的原则实现司法公正。换言之，在庭审过程中，法官穿不穿法袍，敲不敲法槌，法庭中当事人的位置如何等，并不是决定司法公正的要素。试想，法官在庭上穿着法袍、敲击法槌、运用规范法言等司法仪式象征符号营造出庄严肃穆的法庭氛围，而在庭下却进行"吃完被告吃原告"等司法腐败行为，那么这样的司法仪式又有何用处？当然，这不是要推翻司法仪式制度，因为即使法官脱下法袍、放下法槌，把法庭开在田间地头，而法官在背后进行内幕交易，"说一套做一套"，或者

---

① 在人民法院网中刊载了"观看《苍天》，弘扬马锡五审判方式"专题报道，各级法院纷纷组织观看《苍天》这部电视剧，法官撰写观看后的学习心得和感想。全剧坚持司法的人民性，以司法为民为主题，与全国法院正在开展的"人民法官为人民"主题实践活动具有共同的价值追求。笔者认为，马锡五审判方式是在特定的抗战时期的产物，在当时当地的背景下取得了很好的效果，树立了司法的权威。其中的"马锡五审判方式"的精髓和核心内容是：深入调查，了解案情，依靠、尊重、发动群众帮助办案，手续简便，便民利民。"马锡五法官的审判方式"是特定历史阶段的产物，今天我们的法官学习时应当是与时俱进的，因为今天我们社会结构、经济、文化都发生了巨变，法庭审判方式已经发生了根本性的变革，已由纠问式诉讼模式向对抗式诉讼模式转变，所以学习的方式不是形式化的、表面化的解读，或是直接拿过来照搬照抄，而是应该结合审判实践探讨其审判过程中的精神。他具有谙熟地方性规则经验，一心为民，公正、廉洁审理案件的精神，而在当时扮演的是"百姓的青天"的角色。如历史上有名的司法官员包公、海瑞一样，他们审判案件的一些方式和精神，在今天同样也有借鉴之处。详见中国法院网《"观看〈苍天〉，弘扬马锡五精神"专题报道》，[2010-12-1]，http://www.chinacourt.org/zhuanti/subject.php?sjt_id=448&kind_id=12&order_set=0&law_key=。

还有在案件判决前请示领导,那么这样的庭审方式也难以保证司法的公正。据此,笔者认为,从法治建设的视阈内,司法仪式需要推行下去,而且要深入、完善、切合中国国情地推行下去,应看到导致我国司法仪式问题背后是司法体制、司法的文化、心理方面与法治精神和意蕴不契合,因此要继续进行司法改革,保证司法程序公正,保障当事人参与审判的平等机会,这样才能保证司法独立,树立司法权威,防止司法腐败。

第二节 中国司法仪式弊端的成因分析

一 中国司法仪式弊端的体制性成因

要探究司法仪式当前运行中问题的症结所在,对司法体制的现状进行研究是十分必要的。司法仪式是司法的场景,是一种动态方面和静态方面构成的制度。本书认为,造成我国司法仪式存在不完善问题的原因是多方面的,其中,笔者试图从司法体制视角,全面、清晰透视中国当前司法权运行的全貌。

从本质上看,司法体制是宪法体制的一部分。司法权是国家权力体系中的基本权力形态,存在于一定的体制之中,通过制度安排作用于社会关系,体制对于建构司法仪式来说,起着一种基础性的作用。"不同的体制安排会形成司法权的组织方式、组织原则和权力配置方式的差异。一种科学的符合司法规律的司法体制,能够合理地配置司法权并充分张扬司法权的权力能量,调动司法者的积极性和创造性,并使其公正、高效地操作权力;反之,一种不合理、不科学的司法体制会肢解司法机构的司法权能,破坏司法的系统平衡,抑制司法者与司法权的理性结合并最终使司法权失去理性的社会活力。"[1] 本书中的司法体制是国家机关机构设置和管理权限划分的制度[2]。司法体制是司法机关在国家权力机关中的设置和权限,包括司法权在国家权力体系中的配置和司法机关内部设置。司法体制不是独立存在的,它的产生、构造及其运作都与其他权力体制密不可分。

根据我国宪法规定的人民主权原则,"中华人民共和国的一切权力属于人民。人民行使国家权力的机关是全国人民代表大会和地方各级人民代表大会";司法民主原则,"国家行政机关、审判机关、检察机关都由人民代表大会产生,对它负责,受它监督"。从宪法表述上看,在我国司法权的体制配置上,是以人民代表大会制度为根本框架支撑的国家权力体系构造,也就是国家的行政机关、司法机关都由其产生,对它负责,受它监督。司法独立按照宪法《中华人民共和国宪法》的规定:"中华人民共和国人民法院是国家的审判机关","人民法院依照法律规定独立行使审判权,不受行政机关、社会团体和个人的干涉","最高人民法院对全国人民代表大会和全国人民代表大会常务委员会负责。

---

[1] 黄竹胜:《司法权新探》,广西师范大学出版社 2003 年版,第 115 页。
[2] 司法体制是一个宪法范畴,司法体制是一个难以准确定义的概念,不同的学者有不同的解释。有学者将司法体制限定为司法机关的机构设置、组织隶属关系、司法管理权限等,只看到了司法机关本身的问题;有的学者将司法体制理解为法院和检察院的设置问题,理论基调是宪法对法院、检察院的职权界定以及法院组织法、检察院组织法对审判权和检察权的安排问题;有的学者将司法体制理解为公、检、法、司、安全、监狱等机关的设置和权力划分问题等。总之,学界对司法体制问题并没有一个统一的界定。参见熊先觉《中国司法制度》,中国法制出版社 1999 年版;程竹如:《司法改革与政治发展》,中国社会科学出版社 2001 年版;谭世贵:《中国司法改革研究》,法律出版社 2000 年版;贺日开:《司法权威与司法体制改革》,南京师范大学出版社 2007 年版;季金华:《司法权威论》,山东人民出版社 2005 年版。

地方各级人民法院对产生它的国家权力机关负责。"《宪法》对法院内部的组织设置和权限划分的规定是："中华人民共和国设立最高人民法院、地方各级人民法院和军事法院等专门人民法院。""最高人民法院是最高审判机关。""最高人民法院监督地方各级人民法院和专门人民法院的审判工作,上级人民法院监督下级人民法院的审判工作。"

因此,中国共产党是执政党,坚持党的领导是我国的立国之本,党对国家的领导具有宪法地位。人大是我国的权力机关,行政机关、审判机关、检察机关都要由人民代表大会产生,并接受其监督。"在我国司法权来自人民,属于人民,为了人民。具体而言,就是人民法院由人民代表大会产生,向人民代表大会负责,接受人民代表大会监督,依靠人民代表大会支持。"[1] 可以说,中国司法体制是根据宪法和法律设定的,符合人民民主专政的国体和人民代表大会制度的政体。从权力划分的角度看,我国审判权是专属人民法院的一项宪法原则,司法体制就是审判权与党的领导权、人大监督权(含立法权)、行政权和检察权等权力之间的设置和管理权限划分的制度问题。

综上所述,司法体制是在宪法的层面上对司法权的安排,这直接关系到司法权与同为权力系统的其他权力之间的关系和司法权的地位、活动原则。司法体制是司法权运作外在表现,而当代中国司法仪式现状背后反映了哪些司法体制的问题呢?笔者将沿着司法体制的两个方面,即司法权在国家权力体系中

---

[1] 张文显:《人民法院司法改革的基本理论与实践进程》,《法制与社会发展》2009年第3期。

的配置问题和司法机关内部设置的问题来探究司法仪式所存在问题的成因。

（一）审判委员会定案，使审理和裁决相分离

审判委员会制度是我国特有的一种审判组织形式。根据《中华人民共和国人民法院组织法》的规定，我国实行的是人民法院独立审判制度，人民法院审理案件的形式分为三种，即独任制、合议制和审判委员会，其中，审判委员会一般由法院具有较高行政级别的院长、副院长、庭长以及某些资深法官组成。在司法决策的意义上，审判委员会的集体决策制度的确为某些重大、疑难、复杂的案件提供了解决途径，但不容忽视，伴随着审判委员会制度在现实中作用的日益强大其需要讨论决定的案件日益增多，其存废之争不绝于法学界，而其具体的职能和行使方式又是如何呢？

在新中国成立后，1951年的《中华人民共和国法院暂行条例》规定了法院设立审判委员会，这是对革命根据地实行的集体领导司法传统的继承，同时以集体决策解决当时司法工作人员数量不足和素质不高的现状，也是当时集体改造司法工作人员思想作风的必然结果。其后，在1954年、1979年制定的《中华人民共和国法院组织法》中承继审判委员会制度，明确规定各级法院设立审判委员会，实行民主集中制。其主要任务是：总结审判经验，讨论重大、疑难以及复杂的案件。在法律上进一步明确规定了其审判的职权和范围。以刑事诉讼领域为例，审判委员会有明确的刑事裁判权。1996年修订后的《刑事诉讼法》第149条规定："合议庭开庭审理并且评议后，应当作出判决。对于疑难、复杂、重大的案件，合议庭认为难以作出决定的，由合议庭提请

院长决定提交审判委员会讨论决定，审判委员会的决定，合议庭应当执行。"审判委员会的裁决权一定程度上受合议庭的限制，体现在审判委员会制度的启动由合议庭自主发动方面。以1998年6月29日由最高人民法院颁布的《最高人民法院关于执行〈中华人民共和国刑事诉讼法〉若干问题的解释》（以下简称《刑诉解释》）进一步规定了审判委员会的职责范围。其中第114条规定，合议庭认为难以作出决定的疑难、复杂、重大的案件，可以提交审判委员会讨论决定：拟判处死刑的；合议庭成员意见有重大分歧的；人民检察院抗诉的；在社会上有重大影响的；其他需要由审判委员会讨论决定的。独任审判的案件，开庭审理后，独任审判员认为有必要的，也可以提请院长提交审判委员会讨论决定。

由此，审判委员会讨论决定案件的权限存在受案范围和提交程序两个方面的问题：（1）法定权限范围无客观标准。《刑诉解释》所列举的5类案件认定标准模糊，进一步扩大了审判委员会裁判权的法定范围，甚至将之扩大到独任审判的案件。（2）民主集中决策机制带有行政色彩。审判委员会不仅有权"讨论"案件，而且有权作出"决定"，并特别强调由审判委员会决定的案件结果，合议庭必须执行。从权力构造的角度看，审判委员会制度是一种集体领导制度，体现的是一种上下级之间的行政管理模式。法院所设立的审判委员会并不直接参与案件的审理程序，却有权决定案件最终的审理结果，合议庭还须无条件地执行。上述规定，使合议庭和法官这些参与到庭审中的审判组织形同虚设，何谈法院独立审判、公开审判呢？这样的裁决结果又如何让人信服？（3）审判委员会的会议机制和工作方式，缺乏法定的程序和原则。审判委员会的工作方式缺乏具体的程序操作规则，表现在工作程序的启动上、工作过程中没有一套公开的法律程序，也没有回避制度，因此，这种制度设置和工作方式与司法公开原则、司法独立原则、司法公正原则、直接言辞原则相背离，造成了"审者不判"或"判者不审"的现象。

综上，司法实践中，审判委员会存在上述问题的原因有以下四个方面：其一，审判委员会的裁断是在没有经过法官内心确信的情况下形成的，即没有法庭的听审、有效辩论、运用证据规则等庭审程序。书面审理使案件的承办人不可能要求审判委员会复制法庭上诉讼各方参与人的言行和法庭的氛围，审判委员会成员也就没有了形成内心确信的情境，其认定的事实难免与法官产生分歧，甚至有失偏颇。其二，审判委员会的"审理"依据是书面材料，这也使双方当事人在法庭上所进行的诉讼活动很难对裁决结果发挥决定性作用，导致审理者和裁决者之间的脱节，更重要的是使庭审形式化，审判人员和当事人都将其视为走过场，严重破坏了司法的公信力。其三，出现错案后，责任归属不清，没有有效的监督制约机制。没有监督的权力必然导致腐败。审判委员会的权力缺少监督，审判委员会成员相对固定化，并不一定成为法官与社会之间的阻隔，反而从另一个角度有助于有关机关和个人对审判委员会成员进行制度化的干预。而且审判委员会的裁决也没有统一适用法律的标准，即便是同一法院的审判委员会作出的裁决都可能前后矛盾，同时我国又非判例法体系，所以不可能有判决的拘束力。这也使审判委员会裁决不仅仅有害于司法程序的完整性，也加大了司法决策任意性的风险,这与我国的公开审判原则相违背,也不利于形成"庭审中心主义"的审判模式,是对司法审判独立和公正的公然破坏。其四,法官形成依赖心理,独立办案的能力和积极性受到打击,法官素质低下的状况得不到根本转变。正如贺卫方教授精准的分析,"用审判委员会对素质不高的法官审判结果加以监控使得法官权力虚化,法官内心的失落与当事人及其律师的鄙视将使法官更缺少责任心和荣誉感,越发不思进取,自暴自弃,这样又导致更严厉监控的正当性,形成了对法官的控制与法官素质低下之间的恶性循环。"[①]

(二)上下级法院之间关系的错位

对法院审判的监督主要通过两个途径实现:一是上下级法院之间的监督,主要是我国宪法规定上级法院与下级法院之间是监督与被监督的关系,上级法院对下级法院监督的合法渠道是上诉审查和再审监督审查。二是检察院对法院的审判监督,根据我国法律的规定主要是通过审判监督程序提出抗诉。

上下级法院之间是"行政化"关系。突出表现在上级法院对下级法院的干预过多。根据我国宪法、人民法院组织法的规定,上下级法院之间是审判上的监督与被监督的关系。2010年最高人民法院印发《关于规范上下级人民法院审判业务关系的若干意见》的通知(以下简称《规范意见》)强调了上下级法院之间的审判指导关系是监督的重要内容。一方面对包括上级法院对下级法院审理案件的提审或移送管辖的程序、范围予以明确规定,目

---

① 贺卫方:《中国法院改革与司法独立——一个参与者的观察与反思》,《浙江社会科学》2003年第2期。

的是对案件请示制度作诉讼化改造；另一方面是关于上级法院对下级法院审判业务的指导范围的规定，包括审理案件、制定司法解释或者规范性文件、发布指导性案例、召开审判业务会议、组织法官培训等形式。作为上下级法院之间审判监督关系的规范性文件的通知，其"构建科学的审级制度，保障各级人民法院依法独立公正行使审判权"的制定目的，并没有完全实现。现代法治意义的上级法院与下级法院之间的关系应是褪去行政级别的色彩，相互独立、各司其职的审判关系。在下级法院根据法律所授予的管辖权进行裁判时，上级法院不得以任何理由干涉，也包括就个案处理结果发表任何正式或非正式的意见，应做到维护下级法院的审理的自主地位。

在笔者看来，《规范意见》实质并没有改变上下级法院之间的"行政化"关系，这体现在两个方面：一是，在《规范意见》中，上级法院对下级法院提级管辖程序，实质使下级法院丧失了审判的独立性，是对地域管辖和级别管辖的违反。二是，长期存在的法院内部上下级之间的案件请示制度，在《规范意见》中也没有根本性的变革，对下级法院依据上级法院批复案件审理相关问题的请示作为裁决依据的实质内容，只是原则上限定了请示或提审的范围，即"属于重大、疑难、复杂、新类型、有普遍法律适用意义的案件，或者是有管辖权的法院不宜行使审判权的案件"六种类型的案件可以请示。而这六种类型案件的范围并不明确，而是相当模糊，这就给上级法院的自由裁量留有很大的空间，这种法院之间内部请示的带有行政意味的做法，客观上违背了法治原则。一方面破坏了下级法院的独立审理地位，造成上级法院干预下级法院的审判，实际上与我国宪法、法院组织法规定"上下级法院之间的监督关系"的立法精神相背离,也违反了诉讼程序的独立审判原则。法院以牺牲法律的正当程序为代价实现个别案件实质的正义,从法治发展的长远角度来看,会导致对整个司法制度巨大的损害。另一方面上下级法院之间的"沟通",违背审级制度,损害当事人的诉讼权利。有使"两审终审制"沦为"一审终局"的危险,实质剥夺了当事人通过上诉程序救济权利的途径,当事人通过上诉审程序或审判监督程序改变不利于自己的原审判决结果的愿望落空,损害当事人的合法权益,形成司法程序只是"走过场"的心理。

可见,在司法实务界,审级独立的现代司法理念还相当薄弱。因为,从司法独立的意义上讲,法院上下结构的要求是:各级、各地人民法院是独立的,其核心是审判独立。"严格来说,法院与法院之间不应该分出具有依附关系的上级和下级,法院与法院之间,即使是最高法院与基层法院之间,也只有审级而产生的位阶不同,最高法院也不能干涉基层法院的一审程序的审判,基层法院作出的生效判决与最高法院作出的生效判决效力相同。"① 目前的案件请示制度还没有使法院实现审级独立和审判独立。

(三) 法官的角色冲突

法官是司法仪式动态运行的指挥者。在庭审过程中,法官作为主要的案件审理人员主导庭审进程,他在实现法律的公正之路上扮演重要角色。如果法官具有高尚的品格、深厚的法学理论基

---

① 俞静尧:《司法独立结构分析与司法改革》,《法学研究》2004年第3期。

础、丰富的裁判经验,谙熟法律规范等专业技能,那么这样的法官是能够依法断案、秉公执法的。所以,"正义的程序需要正义的制度保障,正义的制度需要正义的程序展示,更需要高素质的法官来实施。"[①] 法官需要具备高尚的品德,这是其能公正独立裁判的前提。法官职业素养的提高,能够保证法律公正地被运用和维护;而法官道德素质的塑造,是法律正确适用和公正裁判的必要保障。"在一个法治社会的法官角色就是适用法律来解决社会争议。但目前我国的法官的角色绝不仅仅是适用法律,法官首先被期待扮演政治家的角色,他不仅要考虑法律如何被适用,还要像政治家那样考虑社会稳定、人民满意的问题,对法官的这种角色期望经常是互相矛盾的,让法官无所适从。"[②] 作为裁判者,法官应该保持中立,而法官管理体制的行政化,则客观制约了法官的独立。虽然我国《法官法》与其他有关法律法规为法官独立行使职责提供了保障,但实际上法官个人并未实现独立。表现在法官采用行政级别编制,使法官的晋升按照行政化的格式进行。我国的司法人员按照公务员录用模式进行管理,录取时也必须通过公务员考试,编入公务员系统。因此法官的等级体制包括:一是《法官法》规定的法官等级制,分为普通法官、高级法官、大法官、首席大法官四等十二级职务;二是公务员等级制,分为科级、处级、局级法官等行政级别;三是实践中的官阶体制,普通法官要接受审判长、副庭长、庭长、副院长、院长的等级模式。由此法官待遇上的三六九等,导致人

---

① [美] E. 博登海默:《法理学——法律哲学与法律方法》,邓正来译,中国政法大学出版社 1999 年版,第 45 页。

② 马建华:《职业化的法官与法官职业化》,《法律适用》2003 年第 12 期。

们依照这种等级来评判法官的成就，而不是通过法官的断案能力和名誉来评判法官的成就，造成法官的努力方向也是追求这种级别和职务的晋升。同时，这种行政体系内部所使用的等级模式对司法人员的独立性很不利，因为采用行政级别的模式，就容易形成上下级法官之间服从与被服从的关系，这是与法官个人应独立的要求背道而驰，并且不以职业素质为标准来衡量司法人员的能力，而代之以行政化的管理模式，势必成为妨碍司法独立的绊脚石。

"在法官之间建立等级制度便利了对于法院活动的控制和管理，然而，这种控制和管理却完全是行政化的，是违反司法职业以及司法决策的内在要求的。"[1] 也就形成了法官的职业角色和行政角色的冲突。只有独立的法官，才能够根据自由心证、理智、良知、道德来审判。法庭是法官行使职权的主要场所，由当事人、诉讼参与人和旁听人员共同组成。对案件事实、证据的认定，直至最后的判决，整个诉讼程序中的大部分事项决策都是在此作出的。所以在案件需要快速作出决策的时候，如果不是由法官独立地决定，必然会影响诉讼的效率。不容忽视，司法是以亲历性为特征的活动，法官需要与当事人等其他诉讼参与人面对面进行言辞、证据等真实性的对话，以确定哪些证据和事实能够为法庭所采信。法官庭审的过程也是自由心证形成的过程，他可以对被判断者进行近距离的观察，这是任何书面审理所无法替代的。在中国古代就有"五听"断案

---

[1] 贺卫方：《中国司法管理制度的两个问题》，中国民商法网（2001-12-19）[2010-12-01], http：//www.civillaw.com.cn/article/default.asp? id=9374。

的传统,现代司法活动也同样要求直接原则和言辞原则。但是,法官等级制度却不利于法官亲自审理案件时独立地作出裁断。因为法官的等级制"强化了行政位阶高的法官对其'下属'法官的影响力。与之相适应,低位阶法官对于其'上司'法官的依赖和顺从也是顺理成章的。这样的管理模式势必加大司法判决的不确定性,并且为不正当权力干预司法活动提供便利"。①

二 中国司法仪式弊端的法文化成因

文化是一个多义性的概念。可能由于文化的多样性和复杂性,很难给文化下一个确切的定义。"文化,就是吾人生活所依靠之一切,意在指示人们,文化是极其实在的东西。文化之本义,应在经济、政治,乃至一切无所不包。"② 从广义上理解文化,文化无所不包。作为对社会生活的构想,文化对生活于其中的个体的行为起到潜在的和实际的引导作用。作为文化子系统的法律文化可以成为法律制度中的信念、情感,及法律制度之间的纽带。人们对具体法律机构的感情总是与培育出这种法律制度的传统和文化紧密相连。诉讼,即将案件诉诸法院正是体现了人们对法律生活的参与。不同的文化通过各自的司法程序使公民在参与或回避法律争斗之间作出选择。借用格尔茨对文化的定义,

---

① 贺卫方:《中国司法管理制度的两个问题》,中国民商法网(2001-12-19)[2010-12-01],http://www.civillaw.com.cn/article/default.asp?id=9374。
② 梁漱溟:《中国文化要义》,上海世纪出版集团2005年版,第6页。

"文化是人类解释他们的经验和指导他们行为的一套意义结构。"① 那么法律文化是解释法律现象并指导人们进行法律行为的体系。法律文化的内部和外部两个视角能全面概括其内容,按照弗里德曼的观点,"外部法律文化是一般人的法律文化,内部法律文化是从事专门法律任务的社会成员的法律文化。"② 总之,法律文化的终极意义是传统,它用文化传统来解释法律现象和法律,是公众对法律制度的了解、态度和行为模式的客观反映。

(一)中国传统法律的伦理化,使现代法治精神的底蕴难以形成

法的伦理化与伦理化的法,与有些学者所论的"法律的儒家化与儒家的法律化",或者"法律的道德化与道德的法律化"③有共通之处,它表明儒家道德伦理是中国古代法律的一个重要特征。法律的伦理化问题实质就是礼教化,也就是礼教对中国传统法律的影响问题。

中国古代的法主要是"刑"的代称,是"礼"与"刑"的相互融合,法应称为"礼法"更准确,因此传统中国法文化应称为"礼法文化"。礼是一种囊括了几乎所有社会生活领域的单一行为规范,进行社会调控最重要的手段,即礼法统治社会

---

① [美]克利福德·格尔茨:《文化的解释》,韩莉译,译林出版社1999年版,第2页。
② [美]劳伦斯·M.弗里德曼:《法律制度——从社会科学角度观察》,李琼英、林欣译,中国政法大学出版社2004年版,第261页。
③ 关于这个问题的论述学者主要是在专著的相关章节中提到,参见瞿同祖《中国法律与中国社会》,中华书局1981年版;梁治平:《寻求自然秩序中的和谐》,中国政法大学出版社2002年版;张中秋:《中西法律文化比较研究》,中国政法大学出版社2006年版;范忠信:《中国传统法律的基本精神》,山东人民出版社2001年版。

的模式。礼作为一种文化现象,根植于一定的社会存在,影响和作用于社会,并且受制于社会各种因素。礼统摄人们社会生活的各个方面,包括思想、行为和习俗,形成程式化、仪式化、教化的礼仪制度,同时统治者又利用此种制度来教导臣民,进而形成礼教,即以"礼治"教化民众。"周公治礼"是礼教的渊源,是西周时期的周公推行"德政"统治方式的重要内容。由此,包括祭天在内的礼仪活动,被纳入"德政"的范围,被赋予道德的色彩,而其固有的宗教巫术色彩遭到削弱、淡化。可以说"尊礼"思想是从周公开始,将礼的实践由"敬天"到"重人",即重视现实人世间的王侯、百姓进行各种祭祀或朝拜时的仪容、动作和行礼的位置等。在社会生活中广泛存在各种仪式被整合成系统的礼制,为统治者所利用成为维护封建社会秩序的手段和工具,规范人们的行为。礼也就成为社会认可的行为方式。如果从行为规范角度,"礼"和"法"的功能并无差异,法律也是一种行为规范。两者的不同之处在于维持规范的力量。法律是靠国家的权力来推行的。"国家是指政治的权力,在现代国家没有形成前,部落也是政治权力。而礼却不需要这有形的权力机构来维持,维持礼这种规范的是传统。"[1] 因而礼替代法律履行了维持社会秩序的职能,凡礼所认可的,即是法所赞同的,反之,礼之所去,亦是法之所禁。古代所谓的"礼",因此具有法的权威,古代之法亦应具有礼的性质。道德的训诫具有法律的权势,这也就使司法过程变成了宣教活动,法庭则是教化的场所。也就是法律的伦理化、礼教化的必然

---

[1] 费孝通:《乡土中国》,上海人民出版社 2006 年版,第 1 页。

结果。

传统中国儒家伦理和伦理化的法律排斥人的平等。传统中国法律的伦理化即礼教化、血缘化,由于血缘关系的天然属性,加上儒家阴阳学说的修饰,使人们视等差为天经地义。① 这种等差把政治、经济、社会地位上的不平等和家内血缘关系糅合在一起,把社会的不平等转化成天然的不平等。② 中国传统法律的伦理化,使法律自身很难独立发展,受到伦理道德体系的制约,进而沦为附庸。这样的法律没有平等的价值观念,庭审的被告只是作为审判的对象存在,有时原告也沦为庭审的对象,所以只有县官在庭审中有权力,而案件的其他当事人或者是诉讼参与人只有义务。这也就不难理解为什么中国古代审问时,非常讲究肃穆、威严的气氛。这种肃严恐怖的气氛,表现在衙审讯堂的布置,刑具的陈列上,还包括接受讯问的原告、被告的姿势。县官在升堂问案时有衙役举着"肃静"和"回避"的牌匾分别列于大堂两侧,靠近大堂的东侧摆放着笞杖等刑具,正中是两块供原、被告跪堂陈述用的大石,县官桌案上摆放的是惊堂木、行刑时使用的签盒。开始审理后,所有涉案人必须全部跪在地,原告和被告分别"坐"或"跪"于堂上,并且被告"被押解到堂后,未经审官允许,要伏跪于地,不能抬头,开审以后才允许抬起头来回答问题"。③ 证人跪在中间。当地百姓经常被允许作为观众站在堂下观审。

中国传统法律由于伦理化丧失了独立主体的价值和品格,儒

---

① 张中秋:《中西法律文化比较研究》,中国政法大学出版社2006年版,第158页。
② 瞿同祖:《中国法律与中国社会》,中华书局1981年版,第270—272页。
③ 吕伯涛、孟祥荣:《中国古代的告状与判案》,商务印书馆1995年版,第79页。

家伦理的价值、旨趣和属性成了它的精髓,结果它随着伦理的发展而发展,变化而变化,甚至因伦理的滞后或枯竭而变得僵化。伦理化不止使传统法律成为实现道德的工具,也损害了道德自身,并使法律的学说成为伦理的注解。还有同样值得指出的是,伦理化的法律虽然摆脱了宗教的控制,兼具世俗理性和人文价值,但同时也失去了宗教意义上的神圣性,流为一种工具,其品质与现代法治的信仰相抵牾,一直在精神上制约了中国现代法治的建立。

(二)"无讼"价值观念的遗留,使司法权的独立地位被忽略

"盖人类文化占最大部分的,诚不外那些为人生而有的工具手段、方法技术、组织制度等。但这些虽极占分量,却只居从属地位。居中心而为之主的,是一种人生态度,使其所有之价值判断。"[1] 正如梁漱溟所洞见的,价值观念在人类文化中占有核心的地位。中国传统法律文化最为显著的特征是"无讼"的价值观念。可以说,贯穿中国古代传统法律文化思想始终的无讼理想,是中国法律文化的价值诉求和终极目标。这也是儒家中追求伦理秩序思想的体现,因为儒家的秩序本质是和谐,即自然界的和谐、人与人的和谐,进而在社会秩序中的和谐体现即是无讼。"人法地、地法天,天法道,道法自然。"[2] 天道本和谐,因此人道亦平和。倘有人涉身于冲突,那必是偏离了人道,偏离了人道之所本的天道。[3] 故孔子曰:不患寡而患不均,不患贫而患不

---

[1] 梁漱溟:《中国文化要义》,上海世纪出版集团2005年版,第86页。
[2] 《老子·二十五章》。
[3] 梁治平:《寻求自然秩序中的和谐》,中国政法大学出版社2002年版,第214页。

安，盖均无贫，和无寡，安无倾。听讼，吾犹人也，必也使无讼乎！① 可见在儒家哲学中的道德行为规则强调和谐、礼让，"向衙门告状"则破坏了人们之间的安宁、和谐的秩序，进而使纠纷更大程度地破坏了人们所寻求的那种"自然秩序中的和谐"，而造成"一场官司十年仇"的尴尬结局。因此人们避免用诉讼的方式解决纠纷，这在很大程度上抑制了人们对自身权利保护的主张，同时，与诉讼有关的行为都被贬义化了。与此相联系，诉讼的目的不是要确定权利义务关系，而应更恰当地看成是对和谐秩序的维护。

可见，传统社会的价值取向是人与自然的和谐，进而延伸到追求法的和谐，而无讼恰恰是和谐在司法上的表现。这与传统中国社会的结构特点紧密相关。传统中国的社会结构的一大特点是家与国同构或者说家国一体化，为了达到这一目的统治者通过强大的政治权力控制经济和社会，形成"人治"社会。再加上传统的宗法等级制度，亲亲尊尊的纲常伦理秩序，还有传统中国诉讼制度的设计自身的缺陷等，都成为形成"无讼"、"厌讼"心理的客观因素。比如传统诉讼制度设计中，基于传统封建社会的家长式统治，行政司法权合一，行政的父母官兼理司法，诉诸公堂的老百姓更多的是诉讼对象，刑讯逼供在刑事审判中自不必说，民事审判中也时有发生，这些措施都被视为家长式的管教和惩戒。因此，提及传统法文化下的开堂断案，立即令人望而生畏，阴森恐怖的衙门公堂、居高临下的县官老爷、面目狰狞的衙役、残忍的各种行刑工具和当事人痛

---

① 《论语·颜渊》。

苦、恐惧的表情,这使当时的老百姓轻易不敢告状。可见,司法仅被当成一种工具,始终没有彰显自己独立的价值,司法独立之实践的阻碍之大,也造成人们对于司法审判制度和法律运作效果的极度失望,息事宁人,抑或用其他的非诉讼手段解决纠纷,司法难以实现其自身应有的维护社会正义、解决纠纷的功能,而致使公众失去对司法权威的信心。

这里需要强调古代公众一方面厌讼、无讼、耻讼反映出公众对于司法的不信任,同时,他们又把公平正义实现的希望寄托于一位刚正不阿的"青天老爷"身上,让他来为民做主。梁治平曾阐述:就个人看,清官固然难能可贵,就其社会意义看,清官却不过是败政的记录。当时的民众寄希望于清官,于是不再思社会本身的完善。[1] 可见当时社会各种制度不足以使人有安全感,而只好寄希望于清官个人。而以现代法治的视角来看,它带来的消极影响更为深远。从百姓的角度而言,他们心里只对父母官个人的好坏予以评判,很少与法律制度的好坏产生联系,进而很难对于自身的处境有清醒的认识,更无法律上的启蒙可言。这样,即使老百姓将纠纷诉诸公堂,也仅意味着他们承认行政上的父母官解决纠纷的权威,概言之,"父母官诉讼"是无讼价值观的一种体现、一个根源。这样的官老爷,并非司法权的化身,而是行政权威的象征。厌讼的价值观念遗留至今,成为法制现代化进程中的阴影,主要还是民众诉讼观念的障碍,影响到良好的法律意识的觉醒和正确的权利观念的树立。

---

[1] 梁治平:《书斋与社会之间》,法律出版社 2002 年版,第 132 页。

(三）程序理念的缺失，导致司法程序的随意

诉讼的过程，从表面上看，更像是法官主持之下原被告双方讨价还价的过程。人们不会不重视最终的结果，但也不希望法官偏袒其中的某一方。从这个意义上说，任何一种诉讼制度，都包含着对实质正义和程序正义的双重追求。两种价值中，侧重哪一个，则关乎这个民族的历史传统。中国的司法传统，显然更重视实体正义。在中国社会传统的法定意识和行为当中，一直存在轻视"程序"而过分追求实质或实体"结果"的所谓"公平"与"公正"的倾向。如果可以作这样的类比的话，我们似乎可以说，在对待法律解决社会纠纷或矛盾的问题上，中国社会统治地位的思想观念与实践取向，基本上是一种"结果"功利主义的立场，这与中国人千百年来形成的典型的实用主义哲学有关。也正是这一思想与实践立场的过分强大。使中国社会传统法律中"程序"的地位及极其低微并始终趋于萎缩状态，也因中国社会"程序"的规范和制度极不发达，进而导致中国社会法的解释与适用的技术的不发达，并致使"形式正义"与"程序正义"的观念和意识缺乏产生的土壤、根基和契机。当然在进行法治建设的过程中，经过多年来反思，以及对法治精神与原则的实际运作的分析考察，轻视程序理念的危害已显见。

可见，因为人们已经对于"程序"及其制度化之于"法治"的积极意义有了更为清醒而理智的认识，许多学者和法律实务专家疾呼法治建设的制度困境在于法律程序制度建设。正如姚建宗教授洞见程序之于法治的重要性，"长期以来，我国法治建设最大的也是最核心和关键的真正困境在于其制度化程度不高、制度化的效果较差。而这种绩效较差的制度化缺失的真正原因，倒不

是因为我国法律制度中有关实体性法律制度的落后，而恰恰是我们的法律制度中有关程序性的法律制度的羸弱。"① 但是轻视"程序"重视"结果"的思想观念与实践取向却有深层次的社会原因和历史原因。恰如季卫东教授所言："从总体上看，我国传统法律之中形式正义的要素十分稀薄。这种属性妨碍程序法的发展是不言而喻的。反过来，程序的不合理又会限制实体法的生成和进化的机制。而实体法的疏简并没有诱导法律解释技术的发达，反而形成了正当化作业的法外指向，进一步压抑了程序的分化。这是一种恶性循环。"② 虽然有了程序性的规则，甚或制度，但如果没有程序性的观念，这样的规则、制度也是不能很好地发挥其功能，抑或无法执行。从裁判的结果看，如果是严重违反程序规则作出的判决，造成违法的错误判决，需要纠正，那么审判结果错误，何谈实质的公正？而在庭审过程中，更为常见的审判人员接打手机，穿着便装，随意出入等扰乱庭审仪式的行为，试想不尊重、不重视庭审严肃性氛围下何谈司法程序的严谨、严肃，法庭所作出的判决又如何让人信服呢？作为法律程序指挥者的法官，其象征司法权威的形象也会受到损害。

---

① 姚建宗：《法治的生态环境》，山东人民出版社 2003 年版，第 287 页。
② 季卫东：《法治秩序的建构》，中国政法大学出版社 1999 年版，第 55—56 页。

第六章 中国当代司法仪式之改革

以1978年12月中国共产党的十一届三中全会提出司法改革为起点，标志着恢复与重建当代中国司法制度的新时期从此开始。经历了三十多个年头，从审判方式改革拓展到法治战略的推行，再到深入司法体制的改革方案的提出，中国的司法改革也经历了三个阶段的发展。"以中国共产党第十六次会议召开为标志，第三阶段的司法体制性改革的时代到来了。"[①] 司法体制改革推动当代中国司法领域改革的发展。2007年10月召开的党的十七大成为司法体制改革的又一巨大推动力。十七大要求"全面落实依法治国基本方略，加快建设社会主义法治国家"。要"深化司法体制改革，优化司法职权配置，规范司法行为，建设公正高效权威的社会主义司法制度，保证审判机关、检察机关依法、独立、公正地行使审判权、检察权"。2008年12月，中共中央转发《中央政法委员会关于深化司法体制和工作机制改革若干问题的意见》（以下简称"《意见》"），在继续抓好

[①] 公丕祥：《当代中国司法改革的时代进程》，《法制资讯》2009年第2期。

《意见》优化司法职权配置、落实宽严相济刑事政策、加强政法队伍建设、加强政法经费保障四个方面，展开60项改革任务。党的十七大作出了"深化司法体制改革"的重大战略部署，并且把"建设公正高效权威的社会主义司法制度"作为深化司法体制改革的总体目标。显然，从党的十五大提出"推进司法改革"，到党的十六大，进而提出"推进司法体制改革"，实现了从司法改革向司法体制改革的重要转变。由此可见，当代中国司法改革的第三个阶段，亦即司法体制改革阶段，正在进入一个深化发展的新时期。

当司法改革进行了近30个年头的时候，法庭审判方式发生了巨大的变化。从法官、检察官的军警式制服到法官穿上了法袍、敲响法槌，检察官配置了检察官制服，律师被要求身着律师袍参与诉讼。如今中国的司法活动，从形式上来看，剧场化的色彩越来越浓；从制度体系的内容上看，伴随着各项改革措施的逐步到位，"对抗制"诉讼模式下普通程序的制度设计已经颇为完备。但是，宏伟的法庭建筑、法庭里庄严肃穆的气氛、法官的黑色服饰、固定程式的法庭用语等各项改革措施的初衷无一不是用心良苦，司法的权威、公信力却没有树立起来，"正义的行头"下法官在人们心中的正义形象却日益模糊，司法腐败、司法行政化等体制性问题层出不穷，司法仪式应有的权威、秩序、正义等象征意义并没有表达出来，这些不得不使我们反思究竟怎样的司法仪式才是法治精神意蕴的更好表达，司法仪式的改革路径又在哪里？所以笔者将在下文中做一些智识上的努力，以期对建构完善的司法仪式能有所裨益。

第一节 中国司法仪式改革的路径

一 问题的提出：由司法改革路径之争引发

众所周知，中国司法改革的重要举措之一是司法职业化，如"司法机关的建构；法官要坐堂问案，而不能过于主动积极地去行使权力；法官穿上了法袍，敲响了法槌，建立了统一的司法考试制度，让这个国家的法律人群体——无论是法官、律师、检察官——都必须从一个门槛进去"[1]。但与之不相适应的现实是"在司法职业化取得进展的同时，司法腐败也在不断扩散与加深，尤其是一些重量级司法官员的频频落马更使司法颜面扫地"[2]，人们预期公正裁决结果的司法机构，并没有因此产生，反而使人们对司法不信任，进而引发严重的司法公信力危机。于是人们开始反思司法改革，并将焦点集中在司法职业化的是非功过之上：选择司法职业化之路是对还是错？是不是有继续走下去的必要？还是应该选择其他的改革路径？于是在此背景下，实践上产生出走司法大众化路径的倡议，有学者呼吁在司法实践上推行司法大众化的改革举措，并提出以司法大众化削弱或牵制司法职业化。针对这一理论与实践上的司法非职业化的回潮，针锋相对的另一方认为司法大众化不足取，它与司法职业化是

---

[1] 贺卫方：《不走回头路》，《经济观察报》2008年7月14日。
[2] 周永坤：《我们需要什么样的司法民主》，《法学》2009年第2期。

矛盾的。① 可见，这次对两种司法改革路径的争论，是司法职业化取向与司法大众化取向之间的博弈。上述路径的不同选择是建立在对中国司法改革成果不同评价之上的，并将对中国司法的未来走向产生深远的影响。作为司法程序和形式的集中体现者的司法仪式，毫无疑问是法律职业化进程中的产物，所以如何选择司法改革的路径：司法职业化，抑或是司法大众化，都必然对司法仪式的发展具有至关重要的影响。关于司法职业化还是大众化的争论，该争论在中国法制建设的进程中并不是第一次，而是经历以下三个阶段。

第一阶段，否定司法职业化阶段。1949 年开始，这是在新中国成立之初，破除"四旧"的背景下，对于原来遗留下来的司法制度予以全盘否定。学者们概括的司法现状是，废止律师制度；法官的非专业性和所谓的司法大众化。法官的非专

---

① 2008 年，陈忠林教授与贺卫方教授的一场论战。这次辩论始于 7 月 14 日，贺卫方在《经济观察报》上发表的《不走回头路》一文，反驳陈教授关于"民主化必须优于职业化，必须以民主化来促进职业化"的观点，明确提出反对司法民主化。同时，表达了对中国司法改革的一些担忧，认为司法独立刚刚起步，却又有走回头路的趋势：一方面追求专业化；另一方面则强调"司法的民主性"、"大众司法"，二者相互矛盾，相互冲突，使得司法独立大打折扣。7 月 19 日，陈教授在《经济观察报》发表《中国法治：应该怎样向前走》对贺文的批评作了回应。10 月 5 日，《经济观察报》在重庆大学组织"观察家论坛"，邀请陈忠林教授与贺卫方教授就"中国法治应该怎样向前走"进行面对面的切磋。其后 10 月 30 日，中国政法大学燕山大讲堂召开了"司法改革'职业化'抑或'民主化'"的专家辩论，参加者有贺卫方（仝宗锦代理）、陈忠林、何兵、张千帆。在此期间，法学界、司法界人士也参与其中，观点交锋、相互的诘难不可谓不尖锐。其后逐渐演变为一场在中国法制发展史上罕见的关于司法大众化与司法职业化的大讨论。详见贺卫方《不走回头路》，《经济观察报》2008 年 7 月 14 日；陈忠林：《中国法治：应该怎样向前走》，《经济观察报》2008 年 7 月 19 日；张千帆：《司法大众化是一个伪命题》，《经济观察报》2008 年 7 月 28 日。

业性,指不具备法律专业知识的军人、革命家担当司法职务,公检法工作人员统一穿着军警式制服;而所谓的司法大众化就是,提倡"马锡五审判方式"的"人民法庭"制度和人民陪审员制度,甚至包括它的极端形式:"文化大革命中的造反派'司法'"。①

第二阶段,推动司法职业化阶段。1978年开始,改革开放以后,在思想解放、破除阶级斗争的浪潮下,我国开始了举世瞩目的司法职业化建设。1995年颁布的《中华人民共和国法官法》,揭开了法院人事管理制度改革的序幕。到2002年,司法职业化正式被确定为司法改革的目标之一,当时最高法院院长肖扬在法院工作报告中总结,"最高人民法院继续推进法院改革⋯⋯以法官制度改革为重点,推进法官职业化建设⋯⋯"② 2002年,统一司法考试制度开始施行,标志着中国司法行业统一规范化的准入制度正式启动。最高人民法院制定的《关于加强法官队伍职业化建设的若干意见》则首次使用"职业化"一词,并将法官职业化的要求付诸实施。其后逐步展开了法官的服制改革、法槌的使用、庭审的统一布局,法官建筑的分区设计等,虽然司法职业化从提出到达成共识经历了相当长的时间,但还是取得了许多成果。

第三阶段,实践上倡导司法大众化阶段。2008年起,在最高人民法院推行"司法大众化"、"群众感觉论"、"应以民众的意

---

① 周永坤:《我们需要什么样的司法民主》,《法学》2009年第2期。
② 《第九届全国人大五次会议举行第四次大会江泽民、李鹏、朱镕基、李瑞环、胡锦涛、尉健行、李岚清出席听取和审议最高人民法院最高人民检察院工作报告》,《人民日报》2001年3月12日。

见作为评判司法工作成败与否的最终标准"。① 同时，许多法院主要是基层法院也正在积极推进"马锡五审判方式"，尤其是从 2008 年起河南省的基层法院更是"马锡五审判方式"的积极实践者。最高人民法院院长王胜俊在 2009 年的最高法院工作报告中，提出了继承和发扬"马锡五审判方式"，近 30 年来，这一提法在最高人民法院工作报告中首次出现。这种对"马锡五审判方式"的回归，眼下似乎还有一种不断扩大的态势——试图从农村走向城市，从内地走向沿海。② 此外，一些法院在最近的司法改革中，尝试推出了不少司法大众化的新举措。如聘请人大代表、政协委员、社会各界人员担任特邀监督员，对人民法院审判和执行工作进行全方位的监督，听取他们的意见；邀请人大代表、政协委员、社区群众旁听观察一些有广泛社会影响案件的审理，并允许他们庭后发表意见，作为判决时的重要参考；将人民陪审员的工作范围扩大至调解、执行、信访等工作；实行法院开放日；等等。于是在学术界又重新开始争论司法究竟是大众化或民主

---

① 2008 年 4 月初，最高法院院长王胜俊在广东珠海调研时，针对死刑判决标准的问题，提出三个依据："一是要以法律的规定为依据；二是要以治安总体状况为依据；三是要以社会和人民群众的感觉为依据。"他认为："因为只有这样，才能达到法律效果和社会效果的统一。"而后，最高人民法院副院长沈德咏在接受媒体采访时强调："司法大众化不能被淡化"，"法官审理案件应当深入群众进行调查研究"，"了解和把握社情民意"，"应以民众的意见作为评判司法工作成败与否的最终标准"。其后在第一届法院院长论坛就"民生问题与司法公正"进行了研讨。详见王胜俊《群众感觉应作为是否判死刑依据之一》（2008-4-11）[2010-12-1]，http://news.xinhuanet.com/politics/2008-04/11/content_7956341.html. 沈德咏：《司法大众化不能被淡忘》（2008-12-2）[2010-12-1]，http://news.sohu.com/20081221/n261333386.shtml. 搜狐网《民生与司法公正：等号的两端——第一届法院院长论坛暨"民生问题与司法公正"综述》（2008-12-14）[2010-12-1]，http://news.sohu.com/20081214/n261196980.shtml.

② 张卫平：《回归"马锡五"的思考》，《现代法学》2009 年第 5 期。

化，还是精英化或职业化。

二　中国司法仪式的建构路径：从司法职业化出发

从上述简单的历史性描述可见，在十年司法职业化改革尝试后，当下司法改革方向究竟应当是职业化还是大众化不能达成共识。因为司法不公正、权威不彰显、司法腐败等情况依然存在，司法状况并没有很大的改善，于是人们开始怀疑司法职业化改革方向的正确性。司法实践部门开始倾向司法大众化的制度改造："马锡五审判方式"的回归、"走群众路线"、"司法为民"等改革措施和理念，上述司法大众化改革的推进与司法职业化的改革在某种意义上形成了抗衡之势。于是有的学者开始否定司法职业化[1]，还有"不按法理出牌"[2]的河南省高级人民法院院长张立勇甚至认为，因为法律职业化"更加强调诉讼程序的规范和严肃，引进了诸如法袍、法槌、法台、法椅……但我们在推进审判布置改革中，也出现了一些问题，指导思想发生了偏差，盲目崇拜、照抄照搬西方的司法制度和审判模式，淡化法院职权，强调当事人主义和司法的消极中立，提倡所谓的一步到庭、当庭宣判。这种忽视中国国情、超越实际、脱离群众的一

---

[1] 比较有代表性的观点认为："这些年司法改革的根本性错误在于，司法改革在部分学者的错误引导下，在法官群体的有意推动下，走上了所谓职业化的路线，司法与人民渐行渐远，人民失去了对司法权的最终控制。司法职业化努力并没有带来人们所想象的廉洁、公正的司法，相反，一个维护自身利益胜于维护社会正义的法官群体正在形成。为此，我们最大的教训是，必须坚定不移地打破法官群体对司法权的垄断，通过各种秩序化的民主手段，实行人民对司法权的有效控制。"详见何兵《必须打破法官对司法权的垄断》，《南方都市报》2007年11月3日。

[2] 苏永通：《不按法理出牌的高院院长》，《南方周末》2009年2月19日。

判了之的做法带来了大量的问题,产生了大量的涉诉上访案件,群众很有意见"。①

对此,笔者认为,以上的观点值得商榷。首先,司法不公、腐败、法院误判、上访涉诉案件激增等现象并不是由走司法改革的职业化道路所造成,而恰恰是因为司法没有完全职业化所致;其次,司法大众化并不是解决司法良性运转,实现司法充分的民主和司法结果被社会普遍认可的出路;最后,司法职业化并不是排除民意的表达,否定公民、舆论、媒体参与、监督司法,而恰恰体现的是司法为民。所以,坚持司法职业化的改革方向,是司法仪式构建的必由之路。笔者认为,选择的原因可概括为以下三个方面:

第一,正确理解司法职业化。在现代法治国家,法律职业者是一群精通法律专业知识并实际操作和运用法律的人,包括法官、检察官和律师。司法的职业化应当使法律职业者成为以行使国家司法权为专门职业,并具备司法的职业知识、职业意识、职业技能、职业道德和职业身份的人。司法职业化应是以专业化、司法独立和司法权威为其所欲目标。进而司法职业化具体要求包括:"其一,司法官员选任上的专业化要求,也就是要提升法律职业的门槛,让司法权的核心部分操纵在具有专业教育和历练的人士的手中;其二,司法决策应当遵循法律和法律解释的规范,最大限度地减少其中的恣意成分;其三,法官不可以过分主动地行使权力,只能作为一个中立的裁决者;其四,司法管理制度应

---

① 张立勇:《论马锡五审判方式在当代的继承与发展》,《人民司法》2009 年第 7 期。

当职业化，也就是要在人与人以及人与机构之间的关系上把法院与行政机构区分开来；第五，司法职业伦理的确立。"① 司法职业化是社会分工的产物，是社会进步的重要表现。司法选择职业化是必然的，正如学者形象地描述，"工人、工程师都有专业，农民也要有专业知识，为什么唯独法官可以不要专业知识而只要靠'觉悟'……社会治理作为一门职业，需要专门知识这一点是连几千年前的墨子都清楚的，柏拉图将人分三等的思想背后其实是一种社会分工思想，提倡政治家的职业化。现在，连唱歌的都有专职与业余之分。在专职与业余之间，人们自然而然选择专职"②。因而，司法不公真正的原因并不在于改革方向的错误，而是由于司法职业化相关制度实施的不完善、改革的不彻底。司法职业化这条路上，因为未取得预期的实施效果，却反过来指责方向的错误，进而回到起点，走回头路，这样的选择难道就是正确的？

第二，司法大众化不是运行司法正义的出路。在国家司法活动中，大众化是指公民或普通人享有平等的权利，强调公民、社会舆论、媒体对司法过程的参与、监督和对司法权力运行的直接影响。而公民、社会舆论、媒体对司法的影响力却是非常危险的。司法大众化可能影响法官独立裁决。在司法大众化的过程中，过多地强调司法的社会效果，导致法官时常陷入两难之中，一方面是法律的规定，另一方面是"民情舆论"，当造成舆论失控时，本来依照法律是无可厚非的裁决结果，但是在面对汹涌的

---

① 贺卫方：《司法改革的难题与出路》，《南方周末》2008年9月18日。
② 周永坤：《我们需要什么样的司法民主》，《法学》2009年第2期。

"群众意见"、"媒体监督"时,不得不予以考虑,因为这关系到法官职务的考核,而且会影响其前途,甚至有丢掉职位的危险,最近发生的时建锋案①就是最典型的例子。可见,我国法官本来在"行政化"的司法管理体系中,独立裁决就很难保证,又加上了"司法大众化"的干涉,使人不得不感叹司法独立何时能实现?因此,司法大众化很难代表真实的民意。在我国法院每年审判的许多案件当中,除了刘涌和许霆两个案件还能称得上是"民意审判"或"媒体审判"外,其余就寥寥无几了,更何况这两个案子的改判固然和"民意"有直接关系,但最终还是在上级部门直接干预下改判。可见,是否与"民意"符合,并不是改判的原因,而真正原因是权力的干预。所以有学者质疑司法大众化时,认为"'大众化'本身是完全不可怕的。这不仅因为我们的'大众'或'人民'在很多情况下是失语的——大众失语的问题要比任何'大众化'问题严重得多——而且还因为在严格意义上'人民'之类的集体话语是一种看不见、摸不着的概念虚构。几乎在所有情况下,我们所面临的其实不是真正的'人民'或'大众',而只是他们当中声音被不成比例放大的一小部分人;或即便大多数人卷入了什么'集体大讨论',他们也只是盛大场面的陪衬,他们的想法和声音往往被政治或媒体等权力操纵着,很容易成为

---

① 河南高院向媒体通报时建锋8个月偷逃过路费368万元被判无期徒刑一案的情况。通报称,时建锋案经媒体报道后,引起河南省高院党组的高度重视。1月13日,张立勇院长批示,要求省法院刑庭、审判监督庭介入了解案情。1月14日,张立勇院长要求主管副院长召集省院刑庭、审监庭调阅案件卷宗,认真审查。1月15日晚,张立勇院长亲自主持召开省高院审判委员会,听取平顶山中院汇报,研究分析案情,随后又召开党组会,对相关责任人员进行组织处理。参见郭光东《院长,请按法理出牌》,《南方周末》2011年1月20日。

幕后操控者的玩偶。"① 深入研究司法职业化的内容，会发现它并不是忽略民意，恰恰相反良好的司法职业化环境更好地实现司法为民，即高度职业化的司法本质是为了大众的司法。当然在此需要强调的是正确理解"司法为民"或是"走群众路线"的思路，将此理念放在司法独立的前提下，以司法手段的运用、司法目的实现为表现形式。总之，我国司法实践中并没有真正实现大众化，抑或是不存在司法大众化，而司法改革的出路应当是走职业化的道路。

第三，构建司法仪式是司法职业化的必然结果。司法大众化倡导的"核心理念就是，人民法院要走人民路线，走司法群众路线。其所谓人民法院就是要走人民路线，一切问题便迎刃而解，说明其对司法的人民路线有不恰当的期待，似乎人民路线是万能的，有把司法的人民路线庸俗化的倾向"。② 这种否定司法的职业化、仪式化的论断是不成立的。马克斯·韦伯曾说过："司法的形式主义使法律体系能够像技术合理性的机器一样运行。这就保证了个人和群体在这一体系内获得相对最大限度的自由，并极大地提高了预言他们行为的法律后果的可能性。程序变成了以固定的和不可逾越的'游戏规则'为限制的、特殊类型的和平竞争。"③ 在反复运行司法仪式、操作司法程序的过程中，庭审的主持者法官、参与诉讼的检察官、律师

---

① 张千帆：《司法大众化是一个伪命题》，《经济观察报》2008年7月28日。
② 如果你要穿法袍就和群众保持距离了，把大量时间用于田间地头和接待上访不是一名中国法官的尊荣。苏永通：《不按法理出牌的高院院长》，《南方周末》2009年2月19日。
③ [德]马克斯·韦伯：《论经济与社会中的法律》，张乃根译，中国大百科全书出版社1998年版，第227页。

等司法工作人员会形成独特的、共通的法律逻辑，这是职业化的思维方式。这种思维方式不同于日常生活的逻辑。它是缜密的、深邃的、严谨的，从论证的前提到最终的结论，逐层递进、紧密相连，并历经长期的专业训练，其中蕴涵的是职业化特有的理性思考和思维方式，所以人们在日常生活中很难形成。当一个人将法律的逻辑关系内化为自身惯常的思维方式之时，就是其独立、公正、娴熟运作司法程序之始。司法仪式的实行展现的正是法官特有的职业化、专业性的思维、心理过程。因此司法的仪式化的构建是法治实践的重要环节，也是司法职业化的必然选择。正如伯尔曼曾说过，法律与宗教活动非常相似，其最大的相似性就是按照某种僵化的仪式来处理事件。① 在我国，司法仪式的大众化，是无法实现司法权威、司法公信力的，也不符合法治精神意蕴。因为大众化的司法仪式，"使司法活动与一般民众之间的'距离'缩短甚至完全消失，一般民众对作为司法仪式的司法活动的'陌生感'也逐渐消失。于是，法律本身具有的至上性与权威性，仪式所必然带来的法律的神圣性意味，也告彻底失落；法治所需要的作为内在精神意蕴的对法律真诚的信任、信仰与尊重，不仅在整体的心理层面和情感层面而且在其价值层面与思维和意识层面，也不可避免地要一点一点地丧失。这从根本上有害于司法仪式的建立，更有害于我国社会主义法治建设。"②

综上，笔者认为，进行司法仪式的改革，必须以司法职业化

---

① ［美］哈罗德·伯尔曼：《法律与宗教》，梁治平译，中国政法大学出版社2003年版，第21—22页。

② 姚建宗：《法治的生态环境》，山东人民出版社2003年版，第230页。

之路为基础。我们不否认，对于我国司法现状来说，"法官的综合素质不高，来自于社会的监督机制还未成熟，同时在法官、立法者、律师具有如此类似的知识结构和思维结构还尚未完全建立"①。但是，如果不加甄别地复制如"马锡五审判方式"的司法大众化的改革举措，② 一方面，忽视某些措施产生的历史背景，更可能会对其本身误读；另一方面，忽视司法的重要理念，对司法规律不予尊重，放大中国传统社会中一些纠纷解决方式的作用，是会伤及今天的法治社会建设的。因而，推翻原来司法职业化进程中已经取得的改革成果，而重新开始大众化的司法，是不合时宜的非理性选择。所以，司法仪式改革的方向，必然是司法职业化践行之路。

第二节 司法权的外化：法庭审判的"剧场化"

在中国古代，传统社会极为重视"礼"，其中很大一部分直接可视为仪式。礼字本身从豊从示。豊是一种祭器，示是指一种仪式。这个时期各种礼仪、仪式被整合成系统的礼制，从《仪

---

① 贾敬华：《塑造规则的法庭对话模式分析》，《法制与社会发展》2008年第2期。
② 对于实践部门推行的"马锡五审判方式"的举措，学者们有不同的意见。其中《西南政法大学学报》在2009年开辟专题予以讨论，其通过对"马锡五审判方式"的重读，还其本来意义。认为"马锡五审判方式"作为中国特殊时期司法工作的一个特例存在，不可能凝结现代司法的精神意蕴。同时也对当前似乎只要回归"马锡五审判方式"，司法中存在的全部问题就迎刃而解的错误认识进行了必要的检讨。详见《重读"马锡五审判方式"》，《西南政法大学学报》2009年第4期。其中还有学者先后撰文表达了类似的观点，详见贺卫方《司法改革的难题与出路》，《南方周末》2008年9月18日；张卫平《回归"马锡五"的思考》，《现代法学》2008年第2期；李娟：《马锡五审判方式产生的背景分析》，《法律科学》2008年第2期。

礼》、《礼记》、《周礼》等书记载的礼仪制度来看，涵盖了上至帝王的权力，下及家长的权力，并成为人们的行为规范，被统治者视为维护社会秩序的手段和工具。在西方的相关研究中，注意到国家权力与仪式间密切的关联性。早在米歇尔·福柯梳理中世纪到19世纪的刑事惩罚仪式的演变历史，阐述了审判权力对此种技术的依赖关系。例如，规训罪犯的监狱体现了一种权力的运行方式，而骑兵连的营房则体现了另一种方式，支撑二者的技术是不尽相同的。而"福柯所关心的就是权力及其实现的形式：结构关系、机构、战略位置、策略和技术。他认为，这样一种权力在社会生活中普遍存在，并不限于正式的政治生活和发生公开冲突的领域"。[1] 文化人类学家克利福德·格尔茨在《文化的解释》一书中，描述了巴厘岛社会生活、传统、制度的状况，其中用"剧场国家"这一概念分析当地传统政治模式，他意在突出政治模式具有展示性和表演性的特征。他认为，展示国家权力的符号是静止的，或者说是比较安静的，他进一步指出，象征、庆典和国家的戏剧形式是政治现实化的一种途径。[2]

可见，仪式在任何形式的社会中都占据了非常重要的地位，因为权力的内在关系结构，需要以仪式的象征体系的形式外化表达和改变。我们认为，权力的制度化，会带来权威，还必须强调一点，此种权力的建立基础是公民的认同感。正是通过仪式的反复实施，发挥了仪式的权威塑造功能，也使人们认可了权力，形成了权威。同理，在司法权运行的过程中，通过日复一日运行

---

[1] 苏力：《福柯的刑罚史研究及对法学的贡献》，《比较法研究》1993年第2期。
[2] 郭于华：《仪式与社会变迁》，社会科学文献出版社2000年版，第342页。

"剧场化"的司法仪式，使人们自觉地形成对司法权威的服从。对此伯尔曼曾作过形象而深入的论述，他认为，"施用这类标记（法官袍服，法庭布置，尊敬的辞令等）的目的是……肩负审判重任者必得摈除任何个人癖好，个人偏见，任何先入为主的判断。同样……也因为开庭仪式，严格的出场顺序，誓言、致词的形式以及表明场景的其他许多仪式而被赋予各自的使命、职责……每一个参与其中的人都想使自己的个性依从于法律程序的要求。于是，法律正义的崇高信念——客观、公正、一致、平等、公平——就被戏剧化了。"① 显然，仪式的戏剧性展演使人们能够让渡自己的权利来服从于司法权力的支配，公众对司法裁决的正当性信心也渐渐树立起来了。

而在司法权力实行的场域中，剧场化的司法就是司法权力的仪式展现，也是在以"剧场"为符号意象的人造建筑空间内进行的司法活动类型。② 如前所述，司法的剧场化是司法仪式象征意义的展现，表征了国家权力的分立，在其内部司法权力能够独立，独立于立法权和行政权；在其外部司法权也是独立，独立于世俗的权力，独立于抽象的人民主权。根据上述理由，法官等审判人员应保持在整体形象上的趋同化，法庭布置应当有规范的模式，法庭审理过程中的言行应当专业，等等。司法仪式构成应当统一化、职业化，这样"剧场化"的司法，人们认为是可以信任的、公正的。

---

① ［美］哈罗德·伯尔曼：《法律与宗教》，梁治平译，中国政法大学出版社2003年版，第47—48页。

② 舒国滢：《从司法的广场化到司法的剧场化——一个符号学的视角》，《政法论丛》1999年第3期。

一　正义的"行头"：法官服制改革

法官的服装是法官形象的直观表现。而服制的统一不仅是法官外部形象一致的前提，而且是社会对法官信任的重要前提。正如丹宁勋爵所言，法官"不仅要主持公正，而且要人们明确无误地、毫不怀疑地看到是在主持公正，这一点不仅是重要的，而且是极为重要的"。[1] 他说，"原因很简单，公正必须要来源于信任"。[2]

在中国，自 1984 年开始进行司法统一制服的改革，此后历经数次变革服制，但只限于样式等细节的改变，而肩章和大盖帽等军警式的标志却承袭下来。可以说，当时的军警式的法官、检察官的制服表达了一种对暴力、惩罚等强制力的依赖情感。在专政思想的背景下，军警式的制服更多地在司法实践中体现为法官主动启动程序、甚至追诉犯罪，检察官与公安干警协同侦查案件等，超越职权范围的行为，明显与现代诉讼要求的司法权消极、被动、中立的理念相违背。所以进行法官、检察官等司法工作人员的服制改革是必要的、也是必需的。现在在法官开庭时，推行穿着法袍，检察官穿制服，既彰显了法官的职业地位，也显现司法的独立地位。可见，在司法服制改革经历了最初的统一的军警式制服，到 2000 款法官法袍、检察官服制的变革，这不仅仅是司法职业化的进程的重要成果，也成功体现了司法的"剧场化"。2007 年 10 月 15—18 日，最高人民法院在湖南长沙召开全国法院审判制服管理工作座谈会。会上，公布了经最高人民法院党组

---

[1]　[英] 丹宁勋爵：《法律的正当程序》，李克强、杨百揆、刘庸安译，法律出版社 1999 年版，第 86—87 页。

[2]　同上书，第 61 页。

批准决定，全国法院审判人员自 2008 年 5 月 1 日开始换着 2007 款审判夏服。2007 款审判夏服为月白色、立领、明袋挖兜短袖上衣，黑色西裤。女装增配黑色西服裙，上衣缀钉标有天平图案的专用纽扣。

附图一　2000 款法官袍

附图二　2000 款法官制服（左女式，右男式）

最高人民法院行装局副局长陈伟在讲话中指出，2007款夏服具有三个特点：一是式样既充分体现新时期人民法院审判人员的精神风貌，又符合人民法院的工作性质，有利于增强法院工作人员的司法效果。二是采用的面料弹性好，透气性强，洗涤不易变形，适合于多种工作环境，穿着较为舒适。三是色彩搭配庄重大方，专用标识更为明显，突出了人民法院履行职能的需要。而笔者对现在法官服制的设计和功能却有不同意见，认为仍然需要改进，概括为以下两方面：

第一，法官制服不能表征法官形象的统一。首先法官的审判服制标准不统一。按照《人民法院制服管理办法（试行）》第5条的规定："法院制服包括法官袍和佩戴胸徽式系列制服。"第4条还规定："法官袍为开庭审判专用公用服装，个人不得私存或留作纪念。不得在其他场合穿着。"其次，法官佩戴胸徽式系列制服还分为"男"式制服和"女"式制服。最后，根据第20条规定："基层人民法院开庭审理案件时，一律穿着佩戴胸徽式制服；最高人民法院、高级人民法院、中级人民法院开庭时审判人员穿着法官袍，书记员穿着佩戴胸徽式制服。"也就是基层法院在开庭审理时的穿着有别于中级及以上级别的法院。可将上述法官服制的规定概括为"差异性"：一是，法官在工作的不同阶段穿着的制服的差异，即开庭审理时穿着法袍，而庭外实行公务时穿佩戴胸徽的西服式审判服。二是，法官性别的服制差异，即男女法官制服有不同的款式。三是，季节性差异，法官审判制服分为"春秋"装、"夏"装和"冬"装。其中2007年对"夏"装进行了改进，其余仍沿用2000年制式。四是，基层级别法院的制服与其他级别法院之间的差异。综上法官服制的"差异性"，可以看出2000款法官审判制服和2007款审判制服出于各种原因和考虑，并没有使法官的服装达到统一或一致，反而人们很难区分"男"性法官和"女"性法官；"夏季"的法官、"春秋"的法官和"冬"季的法官；"基层法院"的法官和"中级法院"的法官、"高级法院"的法官、"最高法院"的法官，并给予同等的信任，也很难相信他们能够大致"平等"的适用"同一"法律标准裁断，这是人为造成了形式上的不平等、不正义。笔者建议，在下次修改法官制服时，应从法官职业的统一性出发，制服不宜做过多的差异化分布，尤其是不同级别法院的法官在审判案件时应统一着装，这样才能避免司法权地方化的嫌疑。

第二，法官服制设计上不合理，不能凸显职业性。现在全国各级法院的服装做到统一颜色、统一款式、统一标志。在2007年又进一步对法官服装进行改革之后，法官的新款夏服胸前配有小法徽，但法官到基层办案被误认为是共青团员、保险公司的推销员、酒店的服务员的事已屡见不鲜。因此，单靠一个小法徽作为行业标识难以让公众区分。笔者考虑，在现有法官服参考酒店服务生服装的设计思维下，夏装和西装右胸再戴"人民法院"的牌子，就像酒店服务员戴××酒店牌子一样，便于群众识别。或借鉴我国台湾地区穿着的马甲作为标志，可在2007款夏天短袖外穿着马甲，秋冬装再增加夹克和棉夹克，在马甲和夹克右胸或后背印白色或金黄的法院字样，左胸戴大法徽。二是，法官袍设计不能表达法官袍的象征意义。2000款法袍前门襟上钉缀五粒胸扣，大扣代表"公正执法"，小扣代表"四级法院"。这样的设计与法官袍象征司法权威、形式的理性的意义不相符合。因为，司法的权威是建立在司法独立基础之上的，而现在的法官袍带有"行政化"的特点，从我国现行法院四级审级的设定来设计法袍四粒胸扣就是其真实的反应。[①] 这样的设计只会让人产生法官是国家行政权力的行使者，而非居间裁判的第三方的印象。三是，服装设计缺乏人性化。从某种意义上分类，衣服可以分为工作服和日常服。单从2007款审判夏服来看，它既不属于工作服，也不属于日常服，该款服装的铁质扣子和胸前两个口袋又不像是日常服装，而又缺乏行业标志。从现实需要上来看，法官服还是应设计为更具有职业特点的工作服。而秋冬的西装领口设计不合理，材质也有待改进。应当将领口设计再小点，以免把不同颜色的毛衣露出来。现在的衣服材质偏软，法官穿着显得人不大方。建议料子再坚挺些，这样才能穿出法官的风采。同时，增加厚冬装或大衣，因为现在只有西装，法官都需要厚而暖和的冬装或者厚大衣，为方便外出和执行。2007款夏季法官审判制服的颜色和检察院的夏服都趋向蓝色系（其中法官是浅蓝色系，检察院是深蓝色系），会产生混淆，无法体现法官中立第三方的身份和地位，建议将二者颜色做明显区别。

总之，法官穿着制服的目的是便于识别身份；增强司法的神圣性、权威性和庄重感；同时要穿着舒适、美观，适应各种不同工作环境和任务等。当然法官穿着法官审判制服象征穿着者的思想成熟和独立判断力，穿着者应始终遵循国家法律的制约，而不受法律之外任何因素的影响，并表示直接对国家的法

---

① 姚建宗：《法治的生态环境》，山东人民出版社2003年版，第237页。

律和社会负责。正如美国弗兰克法官曾经指出:"许多人轻易地说,法袍并不能改变穿它的人本身。但是,个人一旦穿上法袍确实会发生变化。法官在履行职务时不应该为自己私人的见解所左右……如果在判断中存在这类无意识的感情起作用的余地……应当作为指导方针的是,司法不仅实际上必须公正,并且在外观上也应该保持公正的形象。"① 因而,在今后设计法官制服时应该兼顾其象征意义的表达和穿着的舒适性,让法官在穿上的时候能够体会职业上的特征,树立独立和公正裁断的价值理念,做到"人衣合一"。

二 法庭布局重构:以被告席设置为中心

在司法"剧场化"的"舞台"上,被告人的席位是一个非常重要的位置,因为被告席在庭审中的位置不仅关系到控诉方、辩护方和审理方刑事庭审中的诉讼地位和相互关系,而且形象展现了国家的刑事法律的价值理念和法律文化传统。刑事诉讼中,启动程序的一方常常是国家权力,即检察权,而刑事审判庭的布局更能突出体现司法权的性质和功能的实际情况,一方是国家权力,另一方是公民权利,如何在司法的剧场上对抗、制衡,更是一个国家的法治精神和司法理念的直观展现,所以笔者以刑事庭审中被告人席位展开论述。

1996年我国刑事诉讼法修改后,审判结构向当事人主义方向倾斜,被告人的权利得到了强化,尤其是被告人的辩护权,

---

① Pubic Utilities Commission of District Columbia et al. v. Pollak et al., 343U. S. 451, 466—7, 72S, Ct, 813, 822—3, 1952. 转引自 [日] 谷口安平《程序的正义与诉讼》,王亚新、刘荣军译,中国政法大学出版社2002年版,第93页。

这在审判方式上增强了当事人的参与性，同时相对弱化了法官对庭审活动的绝对主导权和控制权，但是，由于我国刑事诉讼构造残留着纠问制诉讼模式的因素，所以法庭布局中无法体现对抗制审判模式中所要求的控辩对抗、控审分离、法官居中裁判的风格。而是在刑事法庭布局的设计中表现出，被告人处于审判区的中心，对面是法官及其他审判人员的坐席，左侧是公诉席，右侧是辩护席，后面是旁听区。这样的位置安排存在着明显的缺点。

首先，被告人的辩论权难以有效发挥。被告人的席位面对审判席，远离自己的辩护人，在公诉席的侧面而非对面，这样的位置将作为程序参与的主体变为诉讼的对象。处于此种位置的被告人，因为距离辩护人有很远的距离，无法与其就庭审信息进行意见交换，使作为刑事诉讼被告人的辩论权不能充分行使。这样的布局和中国古代衙门被告人面对县官的审理方式类似，都是纠问制诉讼结构的体现。这种法庭布局与现代法治精神存在明显的紧张和冲突。其次，弱化了审判组织裁判居中的功能。当庭审中被告人的位置被四周隔离起来，并在法警监视的情况下，抬头直接面对的是审判员，而不是和其保持利益一致的辩护人时，他心里会很紧张，甚至恐惧。此时坐在审判席的法官更接近的是积极追诉者的角色，而非居中消极的裁判者。在庭审中被告人不仅回答公诉方的讯问，还要回答法官的提问，他因为身处法官的"对立面"，而无法与公诉方形成平等对抗关系，从而妨碍了现代刑事诉讼保障人权功能的发挥，也侵害了被告人有效地行使辩论权。最后，不区分辩护人的诉讼地位和诉讼职能。被告人的辩护人是被告人权益的捍卫者和代言者，其职能的行使依赖于辩护权充分有效的发挥，辩护权使被告人及其辩护人能够向法庭提供有利于辩方的证据，反驳公诉方对其有罪的事实和理由的指控，维护被告人的合法权益。中国目前刑事审判的庭审布局没有将辩护人与被告人置于同一位置，从直观的位置上远离被告人，在整个庭审过程中不能与被告人及时交流、沟通和协商，容易导致辩护权能的异化和变形。

改革刑事庭审的法庭的布局，以理顺司法的性质和功能为目标，因为法庭的布局所体现的理念和功能已经落后于刑事审判的功能，即法庭布局体现的仍然是惩罚犯罪的功能，而与保障人权，制衡权力的刑事审判理念和功能相悖。因此，在刑事审判庭的布局上应当从保障被告人及其辩护人充分行使权利的角度出发，以形成与控诉方权力相制衡的对抗制诉讼模式为核心，使控审分离、控辩平等、法官消极听证、居中裁判，这些以权利保障和制约权力为理念的现代司法文化得以体现。据此，笔者建议我国刑事庭审布局可设计为（主要重构审判区）：审判席在法庭的正上方，略高于其他席位；审判席下面是书记员等工作人员的坐席；审判席右侧是公诉席，其中包括检察官等公诉方、被害人、附带民事诉讼的原告人、法定代理人、诉讼代理人的座位，垂直于法官席；审判席的左侧与公诉席相对的是辩护席，包括被告人和辩护人、附带民事诉讼的被告人及其代理人的座位；公诉席与辩护席平行相对，并与审判席保持垂直相等的距离；审判席对面是证人席，包括证人、鉴定人、勘验人等向法庭提供证据的诉讼参与人。

改革后的法庭布局，首先，是对抗制诉讼结构的体现。控辩双方形成平等对抗关系，其诉讼地位平等、权利义务对等；法官

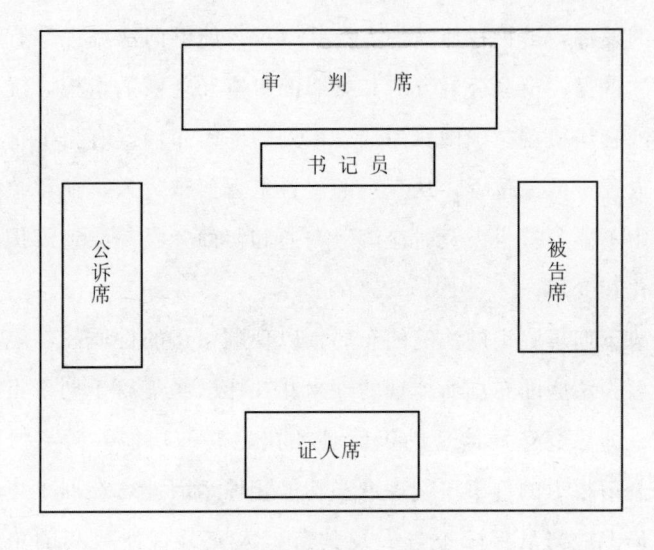

```
┌─────────────────────────────────────┐
│         ┌─────────────────┐         │
│         │   审  判  席     │         │
│         └─────────────────┘         │
│            ┌─────────┐              │
│            │ 书 记 员 │              │
│            └─────────┘              │
│  ┌───┐                    ┌───┐    │
│  │公 │                    │被 │    │
│  │诉 │                    │告 │    │
│  │席 │                    │席 │    │
│  └───┘                    └───┘    │
│            ┌─────────┐              │
│            │ 证 人 席 │              │
│            └─────────┘              │
└─────────────────────────────────────┘
```

重构后的刑事庭审布局

超然于控辩双方，并与其保持同等距离，体现了居中裁判的中立地位。其次，最大限度地给予被告人的诉讼主体地位的尊重，充分有效地发挥辩护权。被告人与其辩护人于同一席位，不仅体现了辩护人与被告人利益的一致性，也会给被告人增加信心和安全感，便于被告人与辩护人就庭审中出现的情况及时进行沟通和交流，有利于保障被告人辩护权的充分行使，从而形成现代刑事诉讼结构中控辩双方的实质的对抗，为最终裁判结果的公正性奠定坚实基础。最后，有效保证证人作用的发挥。证人处于庭审的中心，使他能够面对法官陈述证言，并在回答双方当事人的质询时，也处于法官直接的可观察到的位置，一方面保证其在法官的面前证言的真实性，另一方面，如果其有作虚假陈述时，也可以及时被裁决者发现，而不予采信。

三 营造庄严、神圣的庭审秩序

(一) 规范法官言行

最高人民法院 2010 年 12 月 6 日修订后正式施行的《法官行为规范》第 30 条专门规定了法官在庭审中的言行遵循的标准："庭审中的言行：坐姿端正，杜绝各种不雅动作；集中精力，专注庭审，不做与庭审活动无关的事；不得在审判席上吸烟、闲聊或者打瞌睡，不得接打电话，不得随意离开审判席；平等对待与庭审活动有关的人员，不与诉讼中的任何一方有亲近的表示；礼貌示意当事人及其他诉讼参加人发言；不得用带有倾向性的语言进行提问，不得与当事人及其他诉讼参加人争吵；严格按照规定使用法槌，敲击法槌的轻重应当以旁听区能够听见为宜。"

营造出法庭的庄严、平等的氛围。笔者考虑到的是如何对法官执行庭审规则进行监督和对违反规定的惩处问题。从《法官行为规范》的规定来看，规范地施行要依靠广大法官自觉遵守和执行，同时由法院内部监督和上一级法院监督。很明显此种内部监督存在着严重的弊端，一是，行政化色彩浓重，这样的监督会让法官有"单位体制"内的人感觉，同时在已有体制内法官还未褪去"行政化"色彩的同时，又增加了法官的"上级领导"，笔者担心可能会进一步加剧法官的行政化之嫌。笔者建议，其实更好的监督就是公开，如果我们的法院能够完善公开审判原则，法官言行不规范的现象就会得到遏制，有了社会、媒体等第三方参与到庭审过程中来，只要是不涉及不宜公开的内容，将庭审的过程完全公之于众，那么就不需要特设的监督机制来制约，比如法院的大门不再难进，不再有层层检查，把旁听人员挡在法庭外，公民去旁听案件的程序更简单、快捷。还可以考虑发挥人民陪审员的作用,充分利用人民陪审员来监督法官庭审过程中的言行,如让人民陪审员在法庭下听审。

(二) 规范当事人及诉讼参与人的言行

在庭审过程中当事人及其辩护人、代理人应当遵守庭审纪律,对法官给予充分尊重。英国丹宁勋爵在谈论蔑视法庭罪时指出:"在所有必须维护法律和秩序的地方,法院是最需要法律秩序的。司法过程必须不受干扰和干涉。冲击司法正常进行就是冲击我们社会的基础。为了维护法律和秩序,法官有权并且必须有权立即处置那些破坏司法正常进行的人。"[1] 判决蔑视法庭罪是英美法官所享有的重要权利,也是维护法庭秩序的必要措施。在我国伴随庭审方式的改革,法庭秩序问题受到了重视,要求当事人言行必须遵守法庭的规范,否则最重要的后果是构成我国刑法规定的故意扰乱法庭秩序罪,承担刑事责任。但在实践中蔑视司法权威的行为仍时有发生。如在庭审中某些当事人及其律师以言语与法官顶撞,当事人之间有言语攻击,甚至人身攻击等。应当看到,这些行为是对法庭秩序的破坏,是对法官的不尊重,在一定程度上也反映了对国家法律的蔑视,因此,诉讼参与人和旁听人员应当充分的尊重法庭。对蔑视法庭的行为,应当允许法官对其作出必要的制裁。

如在《法官行为规范》中已经规定,法官可以对当事人的过激言行劝阻、制止、作出适当处置。笔者认为法官在予以处罚时

---

[1] [英] 丹宁勋爵:《法律的正当程序》,李克强、杨百揆、刘庸安译,法律出版社 1999 年版,第 7 页。

应当注意方式方法,采取更为缓和和人性化的方式,以避免激化矛盾。比如法官可以适当通过发问缓和当事人情绪。在某些矛盾激化或群体性案件中,当事人或利益相关的旁听者的情绪往往会非常激动,在开庭前就主观认为法院会出于种种原因不支持他们的请求。因此,在庭审中与法庭态度极端对立,甚至大吵大闹,严重妨碍庭审秩序。此时,法官除事发时及时制止外,还可随机应变,先行通过自己的言语来平息当事人对立的情绪,以保证庭审的顺利进行。当然,法庭上庄严肃穆的仪式,能从心理和观念上对人形成影响,对扰乱法庭秩序的行为具有威慑的作用。

第三节 中国法院文化体系的构建

一 问题的提出

司法活动带有明显的场域性。仪式性的审判活动是在法院审判庭进行的活动。法院文化带有文化的约束性,进入法院的环境中,人们会自觉或不自觉感受到法院特有文化氛围的熏陶和影响,进而约束与规制人们的行为,对违反法院文化的行为以道德和舆论的手段进行惩罚,甚至用法律的强制手段使其服从。因此,现代法院文化的矫正作用使参与司法活动的主体自觉地遵守主体规范、合法地进行活动。所以法院文化对司法仪式具有更为深层次的作用,使司法仪式的构成要素形成具有其特征的文化符号体系,构建符合法治公平、正义精神的法院文化,成为改革司法仪式的必然路径之一。

符号是文化的载体。因此,大多数情况下人们对法院文化的理解和接受,都是从象征法院文化的符号中感受和体验到的。因此,法院文化就是由一个个符号构成的体系,能够表达文化意义的仪式就成为构建法院文化的重要形式。传统中国的法律没有独立的司法权,所以一直未能形成独特的、现代意义的法院文化,司法实践中形式文化的观念相对淡薄。所以,法院文化的缺失,是造成司法仪式形式化的原因之一。在司法仪式中表现为:法官或审判员随意穿着法袍、制服,法官或审判员在庭审中使用日常性的语言,随便出入庭审现场,法庭布局无法体现中立裁决的身份等。司法仪式的形式价值,能够增强司法的权威,而作为司法权运行主要场所的法院,对当代中国法治建设而言,不仅需要培育现代化的法院文化理念,还需要建构一种符合现代法治精神的法院文化体系。

二 中国法院文化的具体建构

我们现代司法仪式很多都是从国外移植来的,比方说法官的法袍、法槌等。这种西方化的符号,与中国文化、中国民众本身的认识之间会产生文化的冲突,而缺乏普遍的认同感。所以如何让民众对这些司法仪式的象征符号产生认同感,就成为法院文化建设中的重要问题。文化的构建是一个长期的渐进过程,法院文化也不例外,在这一过程中,必须着力解决以下问题:

第一,培育法院文化的理念。理念是行动的先导。法院文化的理念是法院行使审判职权的思想基础,是制约法院发展的基本要素。没有正确的理念,法院的司法行为就会陷入盲目、草率,就不能有效解决审判活动中出现的新情况、新问题,就会直接影响司法能力。法治理念在中国传统文化中缺乏根基,公民对司法的认同感距离法治治理模式尚有一定距离，这成为社会缺乏法院文化的重要原因。按照传统观念理解，法院文化不过是在走廊上悬挂法言警句，在法院建筑上设置象征中西法文化的浮雕、壁画，开设阅览室，组织一场文艺演出，举办一场运动会等表面的形式，而缺少对法院文化内在价值和理念的深入理解。法院文化的理念以法治精神和理念为基础，如民主自由、公平正义、权利义务等，除此之外还有一些特有的文化基本理念。据此，我国当代的法院文化体系的构建，首先要从培养法院文化理念入手。一是确立人本主义的理念。要求法官等司法工作人员在审判过程中，要以"尊重和保障人权"的宪法原则为工作的根本准则，充分地尊重当事人及其他诉讼参与人，并保障其权利和义务的行使和履行。二是审判效率的理念。法谚云："迟来的正义非正义。"因此高效的司法审判机制是实现司法公正的前提，法官除了要保证在法定的审理期限内作出裁决结果，还要尽可能地提高诉讼效率，不使案件久拖不决，降低案件当事人诉讼成本，减小损害结果，防止侵害当事人的合法权益。三是树立法律职业道德理念。法官除了具有良好的运用法律知识解决纠纷的专业素养，更为重要的是其具备的高尚品格，能够刚正不阿、不徇私舞弊、不贪污受贿，真正成为一名忠诚于法律、公正清廉的法官。

第二，营造平等、民主的法院氛围。法院氛围是法院的内部成员相互之间以及在与其他外部人员（包括案件当事人和其他公众）进行接触过程中所传达的气氛和环境，是社会公众对法院最直观的一种印象。这种氛围存在于法官与当事人之间、法官与法院行政管理人员之间、法官与社会公众之间。如法官之间交往，要保持一定距离，像美国联邦最高法院的法官所描述的那样："法官各办公室之间的非正式交往是极少的，意见的交换主要是依赖信件和备忘录。确实一个最高法院法官在任职期间，可能从来没有踏进过其他八位法官的办公室。"① 法院氛围除了通过法院建筑、法庭布置以及法院所提倡的一些活动得到具体的表现，如在我国法院中开展各种文艺表演、体育活动等，可以促进法院成员之间的情感交流，并形成某种法院风气，并且向社会传递法院自身形象的信息，这些法院氛围的培养和营造尽管确实是法院文化所不可或缺的一个组成部分，但这并不是法院氛围的主旨。笔者认为，法院氛围核心应当是围绕法院和当事人之间的，是当事人与法院平等的"对话"、对等的权利、地位，法院不是"治者"，当事人也不是"被治者"。诉讼是当事人之间为了追求公平正义、解决纠纷而参与的主体活动。

第三，摈弃传统"行政化"的法院文化。文化的承继与移植，是研究任何文化形式都必须面对的矛盾体。而在当代中国，由于中国司法传统，行政对于法院时有干预，法官的审判活动通过法院这个组织获得某种程度的保护，如上文所述审判委员会制度的存在，使得法院的重要判决出自集体的意见，虽然可以在某种程度上抵御外界的干扰，但是这种保护的直接后果是进一步加深了法院对法官的行政化管理。当代法院的很多建筑风格都是这一方面很好的例证。其一，法院外围设置的围栏或围墙。要想进

---

① [英]罗杰·科特威尔：《法律社会学导论》，潘大松等译，华夏出版社1989年版，第252页。

入法院一般都需要接受两道法警的检查，其中围栏还包括设置在审判场所、办公场所、法官生活场所。法院的此种构造表明其仍然是行政意义上的一个单位，而非西方式的开放性和公共性的产品。在西方的法院建筑中，往往区分的是法官办公区、审判区以及公共活动区。除了法官办公区，其他部分是向公众敞开的，只不过需要简单的安全检查即可进入。这说明，西方的法院是为公众提供服务的公共产品，公众除了可以进行诉讼外，还可以参观、拿到相应的宣传资料或与诉讼有关的资料，可以在法院公共活动区域找到休闲餐饮的地方。而我们的法院，一般公民进入法院相当困难，当事人也只能在审判区域或立案大厅出入，至于其他区域是不可进入的。其二，我国当代很多新落成的法院建筑中，法官的办公区被专门隔离出来以显示法官的独立性和权威性，同时配备生活区。而笔者却并不认为此种分区的模式有此意义。在我国，法官是"单位"中人的传统认识，将法院视为自己的"单位"。一方面，单位为法官提供了必要的任职保障，无论是从办公条件还是生活福利方面；另一方面，这种依赖关系行政体系和制度，让"法院、法官审理案件则需要与这个体系和制度内其他单位打交道，并依赖这个体系和其中的单位：取得上级党政领导单位和其他单位的党组织及人士、保护部门的支持"。[1] 因此，"单位"理念的存在不仅表明法院的行政化程度，也进一步表明了法院对于外界的依赖程度。法院改革后新建的这种法院建筑模式，反映出我们现代法院文化中物质

---

[1] 李梠：《法官培训与司法改革》，《程序、正义与现代化——外国法学家在华演讲录》，宋冰编，中国政法大学出版社1998年版，第480页。

文化方面尽管向西方现代法治文明靠近，但是还并没有表达法治的意义。如现在实行的审判区、办公区、生活区的三区分离模式，改变了原来我国法院不划分办公区和审判区的格局，这样可以改变审判和办公秩序的混乱，也可以增加审判法庭的数量，有助于提升法官的独立性，与社会一定程度隔离性，以及审判的权威性和严肃性。但将生活区提到了与其他两区相提并论的高度，却无意中强化了法官对于法院和单位行政体制的依赖性，这是传统法院行政化的体现。遗憾的是，很多法院并没有意识到这个问题，反而从现代的司法理念去论证这个所谓的"创新"的进步意义。如用提高法官生活待遇来对照国外法官较高的社会地位和优厚的薪酬待遇，用为法官提供食堂、浴室、理发室、洗衣房、家属楼来对应西方社会所谓的司法的适度封闭性，还对生活场所中文化娱乐以及健身设施的建设津津乐道，认为法院是有文化底蕴的。这些认识都是对法院文化的行政化、形式化的理解，甚至是误解。所以去掉法院文化中的"行政化"因素，还需要加深对法院文化本质的理解。

第四节　中国法律信仰的构建

当"法律制度，从整体上看，也像经济制度一样，被看成是庞大、复杂的机器，各个部件依据特定刺激和指令履行特定的职能，它独立于整体的目的"。[①] 这样功利主义的立场，也是当下

[①] 苏力：《法律如何信仰——〈法律与宗教〉读后》，《四川大学法律评论》，四川大学出版社 2003 年版，第 253 页。

中国法律不能有效实施,法律制度的功能不能实现,"有法不依"的重要原因。表现在司法仪式中象征符号不能表达法治意蕴,反而成为过场,法官、当事人等司法参与人都未对司法仪式予以重视、领会其中的含义,甚至没有对法律的权威性、神圣性的体验。因此,法律信仰缺失成为我国法治建设道路上不可回避的问题。

一 司法仪式与法律信仰

一般来说,信仰是一种价值观,是终极的价值,是人通过内置的确定而表现的一种价值观。信仰作为一种理性存在,首先并不是经验的,或者说信仰被我们感受时似乎是经验的、历史的和文化的。信仰是抽象的,其"可以通过仪式外化,那种内心确定是真的就是人信仰仪式的一贯性表现。如果存在内心的确定,这种确定应该是存在于心中的仪式,如果信仰能够存在于内心的仪式,同样存在于外在的形式"。① 另外,构成仪式的象征符号使不能被直接感知的信仰、观念、价值、精神和气质变得可见、可听、可触摸,感觉极上的"实体化"不仅使对纠纷、矛盾、冲突进行仪式化、戏剧化处理成为可能,同时预示仪式化、场景化解纷的必要甚至特定情形下的必然。② 一般来说,社会只要畏惧凌驾于人们之上的那种权力,就必然会在人们心中激起神圣的感觉。仪式能够塑造共同体的集体观念,强化社会成员个体的从属性,使共同体中的人们保持相同的信念和情感。这时的社会体系

---

① 张永和:《信仰与权威——诅咒、发誓与法律之比较研究》,法律出版社 2006 年版,第 157 页。

② 曾令健:《纠纷解决仪式的象征之维》,《社会学研究》2008 年第 4 期。

更多地呈现出对个体的压力和权威。仪式活动反复实施的目的在于，建立行为与信仰之间的联系，也强化个人对社会的依附关系。因此，仪式活动成为社会共同体定期肯定自我的手段，使仪式的参与者意识到他们有共同的价值观和信仰。"总之，这一切都充分说明，仪式的各个要素确为社会文化的组成部分，它们根植于社会生活的土壤，同时又常常渗透到社会生活的各个方面。它们以神圣的名义为社会共同体确立了共同的信仰。规范了社会成员的社会行为，确立了伦理生活的准则，固定乃至构成社会共同体的风俗和许多重要的社会政治体制。许多社会规范和社会制度在人类早期和古代社会，往往是作为当时宗教的一个组成部分而表现出来的。"[1]

法律真实的生命在于它被人们所信仰。正如伯尔曼曾指出的"法律必须被信仰，否则形同虚设"[2]，"它不仅包含人的理性和意志，而且包含了它的情感，它的直觉和献身，以及它的信仰"。[3] 可以说法律依赖于信仰而存在，通过法律活动中举行的各种仪式唤起人们对法律尊崇和信赖的情感。法律中仪式的寓意在于通过鲜明的象征符号的隐喻和强烈的心理暗示唤起人们对法律的信仰和对正义的希冀。司法仪式作为典型的法律中的仪式是通过法律活动或法律适用的程序化方式和过程，使司法活动、法官以及法律获得一种神圣的、不可侵犯的地位和权威。正如伯尔

---

[1] 吕大吉：《宗教作为一种社会文化体系的性质和作用》，《新世纪宗教文化》2003年第2期。

[2] [美]哈罗德·伯尔曼：《法律与宗教》，梁治平译，中国政法大学出版社2003年版，第3页。

[3] 同上书，第93页。

曼概括的："法律的各种仪式，就像宗教仪式一样，乃是被深刻体验到的价值之庄严的戏剧化，在法律与宗教里需要这种戏剧化，不仅是为了反映那些价值，也不仅是彰显那种认为它们是有益于社会的价值的知识体验，而且是为了唤起它们重视生活的终极意义。"[1]

因此，对法律的信仰是历时性的过程，或者说是在一系列社会活动、经验、感受之中而达到的。因为信仰的本质是主体对法律实现社会公平正义理想的信心，进而在人们的行为中践行法律信条，所以信仰是需要培养的，它不存在于人们所固有的意识中，可以通过反复实行的仪式活动培育法律在人们内心的崇高情感。也就是说，司法仪式中信仰的生成是人内心的情感与法律之间沟通的产物，可以说司法仪式是培养人们信任法律的土壤，也是法治精神升华的过程。每一个仪式的器物、行为、语言和人物、情节的出现，都因为在司法场域中而被赋予了特定的意义，使其综合为一个意义体系并展现着法律所要表达的精神和意蕴，使参与其中的人们能够感受法律的信念和体验信仰的力量，乃至外化为人们"一种坚定不移的信念和终生追求的人生目标"[2]，甚至是融入生活并奉为一种处世模式，最终成为社会控制的重要力量。这样，使精神上信仰法律与行为上参与法律能够相互契合。

二　法律信仰在中国的缺失

我国自古是缺乏对法律的信仰和司法仪式传统的。从中国传

---

[1] 李忠书：《法律的宗教性及其缺失对法律信仰的影响》，《求索》2004年第7期。
[2] 何勤华：《法律信仰是现代中国人的创造》，《河南政法管理干部学院学报》2004年第5期。

统法文化角度分析，法起源于神判仪式，从法字的释义就可看出，"廌"作用于决讼之，表示神意法，[①] 是决讼过程中被用于辨别是非曲直者。由此可见，在法起源的最初，人们理解的"法"是借助一种神兽去裁断是非的神判仪式。类似的还有"西周誓审"的记载[②]。这看起来貌似和雅典城邦的神坛审判制度、古罗马帝国的占卜审判制度相类似，但是这毕竟是一种工具，我们并没有对它形成一种信仰，这和西方观念中的创世之初即有法、法是作为神的智慧而出现，是有本质的区别的。正如伯尔曼概括中世纪之后法律发展的轨迹那样，"西方法律体系的基本制度、概念和价值都有 11 和 12 世纪的宗教仪式、圣礼以及学说方面的渊源，反映着对于死亡、罪、惩罚和拯救的新态度，以及关于神与人、信仰与理性之间的新设想"。[③] 可见，我国的法律也是由神明裁判发展而来，但是却与西方有很大的不同。

在中国几千年的发展历程中，把法称为"礼法"更合适，因为，礼是一种囊括了几乎所有社会生活领域的单一行为规范。并

---

① 《说文》曰：灋，刑也。平之如水，从水。廌所以触不直者去之，从廌去。法，今文省。佱，古文。进一步将"廌"之释为：廌，解廌兽也，似牛一角，古者决讼，令触不直者。象形，从豸省，凡廌之属皆从廌。

② 《周礼·秋官·司盟》中有西周誓审的记载："（司盟）掌盟载之法。凡邦国有疑会同，则掌其盟约之载及其礼仪。北面诏明神。既盟，则贰之。盟万民之犯命者，诅其不信者，亦如之。凡民之有约剂者，其贰在司盟。其狱讼者，则使之盟诅。凡盟诅，各以其地域之众庶，共其牲而致焉。既盟，则为司盟共酒脯。"《周礼》记载的盟誓审判实质上就是神判。神判的主体是神，方式是占卜，而誓审虽则也借助神力，说什么神（天）将会惩罚发假誓者，但是，在誓审中，执行判决的主体已经不再是神，而是人——司法官。这种审判方式，证据的作用已经明显地表现出来了。

③ ［美］哈罗德·伯尔曼：《法律与革命——西方法律传统的形成》，贺卫方、高鸿钧、张志铭、夏勇译，法律出版社 2008 年版，第 200 页。

且中国古代的"礼"与"刑"完全融合,中国传统文化被称为"礼法文化"。"设仪立度,可以为法则。"(《淮南子·修务》)礼是进行社会调控最重要的手段,统摄观念、行为和器物各个方面,并且仪式化、程式化、制度化,形成了"礼仪"、"礼节"、"礼治",又寓于教化的形式被推向社会,形成礼教,即礼法统治社会的模式。因此,"礼治"的境界,把我们带上了另外一条路,我们不得不以其来安邦立国。

由于没有宗教生长的土壤,所以普通百姓的精神世界没有统一的宗教来整合,缺乏明确的彼岸观念,其信仰只能流于庞杂而不确定。因此,中国人的宗教信仰对西方来说,是一个异类。在一向将儒家的"经世致用"奉为处世哲学的大环境里,在功利思想深入骨髓的唯工具论者的浇灌下,中国人的信仰不是为了寻求精神慰藉和解脱,而是带有强烈的功利性。比如,人们在所信神灵的选择标准上不拘一格,经常变化,有用就信,事后就忘,临时抱佛脚,见庙就烧香。据此,法律精神也成为信仰的空虚地带。法律似乎成为权力的一部分,甚至成为显示"政绩"的标签。在中国古代的思想家那里,很难找到关于法律信仰和法律至上的观念。这也是当下中国法律信仰缺失的根源。

三 法治视角下法律信仰的构建

中国应当实行法治,中国正在走向法治,无论当代中国人对中国社会的政治法律现状或走向如何评价、作出什么样的预测,"法治之路"已经成为必然选择。一个民族、国家选择信仰法律使成员有共同的信念,产生将他们联系在一起的规范力量,把社会共同体的全体成员纳入一个有共同信仰,普遍化行为模式和统一的法治化体制中。如何确立法律信仰呢？这就是笔者将在下文探讨的问题。

(一) 法律规则的统一

法律统一不仅是抽象价值与宏观制度的实施型统一，而且是专业技术和动态过程的仪式型一致。[1] 英国学者哈耶克论述法治时指出："要使法治生效，应当有一个常常毫无例外适用的规则，这一点比这个规则的内容更重要。只要同样的规则能够普遍实施，至于这个规则的内容倒是其次，只要我们大家都做同样的事就行。"[2] 法治社会要求相同的行为产生相同的结果，并毫无例外被给予相同的评价时，法律在人们心中才有了威信。法律面前一览众生无余，没有高矮胖瘦美丑贫富之分，人们都是平等的。可以想见，凡是争讼的人都会得到法律同样的对待，这样的法律会产生巨大的感召力。法律不是法典上的僵死条文，它是活生生的社会行动。通过立法、适用法律、执行践行法律，而法律最基本的统一性——相同案件应有相同判决——可以更深入贴近当事人以及旁观者的心灵，成为一种难忘的形象记忆，这是人们对法律产生的最直接印象。而在审理案件的过程中，司法仪式无疑扮演了法律统一的形式角色，它使所有案件的审理过程都有相近或类似的过程，让人们体会到法律是无偏私的、平等的，进而树立国家法律的权威。从公民的角度，对法的认识、情感、意志等其他具体的守法心理要素，而这些要素高度综合统一所形成的内容即对法律的信任、对法律的尊重，当公众"相

---

[1] 汪习根、廖奕：《论法治社会的法律统一》，《法制与社会发展》2004年第5期。
[2] ［英］弗里德里希·奥古斯特·哈耶克：《通往奴役之路》，王明毅等译，中国社会科学出版社1997年版，第80页。

信这些信条是权威的文本"① 时，法律才有可能上升为信仰。而如果司法机关、国家不给予法律文本以足够的权威性，立法上逻辑混乱、朝令夕改，司法解释上任意解释、特例层出，那么法律永远只能作为工具而存在。只有法律首先统一，并被不同国家权力机关给予同样的尊重，人们才有可能会尊重它、信仰它。法律的魅力才吸引人们自发地聚集在其周围，并在内心中对司法公正有坚定的信念，无论其追求的公正是不是会立即实现。

（二）构建证人宣誓制度

第一，证人宣誓制度在我国实行的必要性。证人宣誓的仪式是司法仪式的重要组成部分。西方的证人宣誓仪式，起源于宗教中的宣誓仪式。宗教的信徒在宣誓时精神和心理感受到神圣超验力量的存在，仿佛置身于神圣的世界，仪式实现了信徒的现实世界和超验世界之间的沟通。同理，在司法中的证人宣誓仪式，也能够让证人在法庭进行宣誓时，感受到法庭的环境与其日常生活环境的不同，法庭审判时氛围是神圣的、庄严肃穆的。这样司法权威的体验使其知晓在法庭的空间内应该有不同于日常生活的规则，所以在证人内心形成法律的威慑力量约束他的言行。正是神圣的宣誓仪式和法庭肃穆氛围的营造，更益

---

① 美国著名人类学家斯皮罗认为，某一信条上升为个人信仰需要经历五个阶段：(1) 行为者学习这些信条。(2) 学习者不仅学习信条，而且理解这些信条的传统含义，因为这些信条是在权威的文本被公认的专家所解释的。(3) 行为者不仅理解这些信条的传统含义，而且在理解这些信条的含义时，相信这样的规定的信条是真实的、正确的或恰当的。(4) 文化信条不仅被认为是真实的，而且说明社会行为者的行为环境有助于构建他们的感觉世界，从而指导他们的行为。如果在这个层次上获得文化信条，我们就可以说，这些信条是真正的信仰，而不是文化上的陈词滥调。(5) 作为真正的信仰，信条不仅具有认知特性，又要有激励特性。参见［美］斯皮罗《文化与人性》，徐俊等译，社会科学文献出版社1999年版，第172页。

于证人能够如实陈述案件的真实情况,充分地履行其诉讼职责,保证裁决的公正。

证人是平等的,其社会属性并不会影响诉讼权利和事实义务。在证人席上的自然人无论他有如何高贵的地位,也无论他的身份如何卑微,对于司法程序来讲,都是平等的,没有高低贵贱之分,也无权利多寡之别,都需要平等地履行作为证人的职责。而要完成社会性的人向法庭证人身份的转变需要完成心理的转变。因为"人跟动物不一样,人在不同阶段总是有种种的心理反应,每过一个阶段,就多一种社会责任,或多一点社会关系,涉及到较复杂的心理试验,这个试验假如不适应就会经常产生危机"。[1] 所以证人的宣誓仪式,就是一种程序性的过渡,也是内心转变的过程。证人宣誓仪式可以比作人类学家维克多·特纳的仪式结构中的"结构—阈限—反结构"中的阈限阶段,证人从日常生活中的普通人,经历了法庭的宣誓仪式,成为诉讼结构证据链条的证人角色,具有法律上的权利义务。所以证人宣誓仪式是身份转变的有效过渡程序,借助它帮助证人完成了一个人从一种身份到另一种身份的过渡。证人从内心强化了诉讼中的角色,并认同和理解这种身份的职责和地位。

证人宣誓的仪式不应作形式化的理解,因为它可以从人的心理来约束证人言语的真实性,并且通过法庭严肃、紧张的氛围,使其感知法律责任、义务的神圣性、庄严性,以便完成证人角色的"演出"。

---

[1] 李亦园:《新兴宗教与传统仪式——一个人类学的考察》,《思想战线》1997年第3期。

第二，我国证人宣誓制度的建构的几点思考。我国目前的司法实践已经开始试行证人宣誓制度①，但并没有根除"证人证言少，证人不出庭，没有对证人犀利的交叉询问，法官对证人缺乏信任，证人保证书不预防证人作伪证"②的现象。据此笔者认为，要构建证人宣誓制度，除了保障证人出庭的费用补偿，健全伪证罪相关立法的同时，还应该注意以下三个方面的问题。

首先，证人宣誓形式的多样化。无论在英美法系，还是在大陆法系都对誓言、誓词的选择采取宽松的态度，比如对有宗教信仰的证人可以手持《新约》等教义，而对没有宗教信仰的证人可以选择声明。我国是一个多民族的国家，幅员广阔，在适用证人宣誓制度的过程中，对宣誓的形式不应统一化，而应多样化，以确保对各民族、各党派、不同宗教信仰、地域性的习俗、风俗的尊重。我们可以在实践中，不拘泥现在的手按《中华人民共和国宪法》宣誓诚实作证的形式，设计几种誓词供证人选择。例如：有信仰的人以自己的信仰，向自己信奉的神明宣誓；以党派的党章宣誓；以自己的人格及良知宣誓；按照当地的习俗规约宣誓；证人提出的法庭可以接受的其他方式。可以借鉴外国法院"容许中国人在法庭上烧纸，在纸上写出自己的姓名。容许中国人在法

---

① 这是从 2001 年 12 月 4 日福建省厦门市思明区人民法院在审理一起民事纠纷案件中率先试行证人宣誓制度，证人黄海标站在证人宣誓台前，面对审判席，左手按住《中华人民共和国宪法》文本，宣读作证誓词："我向法庭宣誓：以我的人格及良知担保，我将忠实履行法律规定的作证义务，保证如实陈述，毫无隐瞒。如违誓言，愿接受法律的处罚和道德的谴责。"其后，广西柳州市城中区人民法院、江苏省常熟市人民法院、四川省成都市锦江区人民法院、青海省海东市中级人民法院、山东省东营市法院等法院也先后试行了证人宣誓制度。

② 徐昕：《法官为什么不相信证人？——证人在转型中国司法过程中的作用》，《中外法学》2006 年第 3 期。

庭上吹熄蜡烛,祈祷如有伪证当和蜡烛一样烟消火灭。容许中国人杀公鸡或摔碟子,一面发誓,如果说了假话,就不得好死"。[1]总之,法官应当在最大限度内满足各类宣誓方式,以期最大可能获得真实的证言。

其次,在庭审阶段,注意证人身份的保密性。保障证人人身安全不受侵犯,是证人出庭作证的前提。丹宁勋爵曾精辟地指出,"每个法院都必须依靠证人,证人应当自由地、无所顾虑地作证,这对执法来说是至关重要的。但众所周知,证人可能被指使作伪证——可能会有人威胁证人,如果说出真情,就没有好结果——他们会因吐露真情而遭到惩罚。"[2] 所以明确具体的保护措施,以及行之有效的证人保护机制,对于保证证人出庭作证是必需的。从目前的法律规定和制度看,对证人的保护是在庭审开始前和庭审开始过程中司法机关保护证人,对可能遭受的侵害,追究行为人的责任。当然这些制度还不完善,但已经受到了关注,而笔者想提出一个至今很少关注的问题,即在庭审过程中给予证人保护。其出发点是以仪式性的措施保证证人的隐私权,以提高证人出庭作证率。比如对强奸案、商业秘密的案件等特殊类型的案件,证人是未满18周岁的未成年人等情况,证人可能出于内心的恐惧和世俗的伦理心理,不愿意当庭作证,如果在证人出庭的位置设置一些挡板,使其只面对法官及审判人员,而与案件当事人及参与人、旁听人员隔离,在原、被告质询时"只闻其声,不见其人"。这样的法庭布置更符合诉讼的直接言辞

---

[1] 张吉喜:《证人宣誓的文化人类学解读》,《政法论丛》2004年第5期。
[2] [英]丹宁勋爵:《法律的正当程序》,李克强、杨百揆、刘庸安译,法律出版社1999年版,第19页。

原则，因为证人作证时的情况，仍然在法官的掌控当中，而且这样既保护了证人的隐私权，又使其能出庭作证，保障了审判的公正性。

最后，加强证人宣誓仪式的庄严肃穆氛围。设定证人宣誓形式的出发点是最大化地激发证人内心的良知和神圣的责任感，因此需要营造庄严肃穆的法庭气氛，使证人从心理上感受到法律的威严。例如，"德国法院内执行宣誓的情形是非常庄重的，每当宣誓时，审判长起立脱帽，其他法官亦然，此时庭内所有人全体肃立。审判长亲自执行宣誓，直至证人宣誓完毕，法官和其他人员才能坐下。这种严肃、庄重的程序，无疑会给证人非常深刻的印象，对证人心灵肯定有一定刺激作用，对于防止和减少证人的虚假陈述不能说没有作用。"[①] 我国现在证据法中规定证人具结制度，在证人作证之前向证人宣布其作伪证将会承担的法律后果，证人在保证书上签字以示承诺。证人具结制度的优势是简化了仪式性的过程，提高了诉讼效率，但笔者认为，此种方式失去了设置证人宣誓制度的目的，难以达到内心的约束和庄严肃穆氛围的营造，难以防止证人作虚假陈述的意指。因此，需要通过立法完善这一制度，使之更具仪式的庄严、约束的氛围，以形式上的宣誓对证人的心理产生情感的威慑力，使其如实作证，其誓言成为一个真实性的承诺，为追究证人作伪证提供法律上的先决条件。[②] 因此，笔者认为在具体实行证人宣誓仪式时，可按照以下具体程序进行：在开庭之前了解证人宣誓的形

[①] 宋波、陈兴生：《论证人宣誓与信仰》，《国家检察官学院学报》2003年第1期。
[②] 甄贞：《刑事证人出庭作证程序设计与论证》，《法学家》2000年第2期。

式，在出庭前将证人安置在一个独立的房间，隔离其他与案件有利害关系的所有人，出庭时由司法工作人员引导其从专门通道进入证人席。开始宣誓时，审判区和旁听区的所有人起立，如果是选择宣读固定誓词时，可由书记员领读，领读者应以庄重严肃的语气及语调宣读，语速稍慢。证人宣读誓词之后，由审判长或独任法官告知其在作证时的权利及作伪证需要承担的法律责任，这时宣誓仪式完毕，法官宣布全体人员坐下，证人开始进行证言陈述。如果有多位证人需出庭，应当按照上述程序分别进行。

（三）培养对法律权威性、神圣性的感知能力

信仰宗教的人对宗教的教义是虔诚的，在他们心中宗教是神圣的。在宗教性的仪式中，宗教的神圣和权威的"形象"被一次次强化。比如祷告、唱诗、宣誓等仪式。仪式实质上是一种手段，社会共同体通过它来定期重新肯定自身，通过共同的仪式而意识到他们有共同信仰。同理，公民在司法程序中，通过仪式化的运行去直接感知体验司法的符号所蕴涵的生动法治意蕴。所以宣传司法仪式蕴涵的法律文化意蕴是构建法治的重要方式。一方面，对司法机关工作人员进行"法袍加身"的象征意义宣讲和教育，树立他们法律职业的神圣感和使命感，形成以中立、权威和公正为核心的司法文化和法律职业道德素养。另一方面，公民通过司法仪式领会法律的精神，体验法律权威和神圣，加强信仰与法律之间关系的理解。在公民中宣传法律的庄严、神圣、权威和不可侵犯的价值，需要提倡庭审中的仪式性，这是公民直观了解和体验法律神圣性和权威性的重要方式。神圣性和权威性是抽象的，是隐藏在法律表象之下的陌生之物。但是这些难以言说的东西，都可以在仪式中被深深地感受到。此时，法律通过理性之外

的力量，获得人们内心的确信——这与宗教殊途同归，可以说司法的仪式化不仅使人的理性得以具体化、形象化，更使法律生命能够不息。从法治进化论出发，"法治建设应观念先行、精神意识之培育优先"。[①] 所以，在社会上树立法律信仰观念，培养法律权威、神圣意识，注重社会生活主体的法治精神和理念的塑造，并结合物质性的制度与规范建设，来进一步推进法治社会的构建。

总之，现代社会的发展状况决定了法治社会的建立已经成为我们必然的选择。而在理性之外，也需要对法律真诚的信仰。"因为信仰法律是符合社会公众的经验、情感与直觉。但同时，这种经验、情感与直觉又是经得起人的理性的检验与锤炼的，也就是说，法治所显现的人们对法律至上的信任与尊重，是经得起严格的理性反思与批判性的证伪验证的。"[②] 所以让法律高高在上成为一种信仰，成为平等、公平的象征，这才是每个信仰它的人内心所真正需要的。

---

① 姚建宗：《法治的生态环境》（导言），山东人民出版社2003年版，第7页。
② 同上书，第11页。

结　语

　　从文化的角度，司法仪式就是一个符号体系，它反映一个国家法律最真实的理念和精神。在人类不断追寻正义的道路上，不是抽象地概括其含义和内容，而是要实实在在地感受到正义的准则，以自己或周围人的亲身经历来体验正义的风范。司法程序运行的仪式化，不仅仅是司法的神圣性、感召力和权威性的展现，而是在人们的心里留下司法是能够实现正义的烙印，在社会更广泛的层面建立起对司法的信任、信赖，乃至信仰。这是司法仪式制度化的根本目的。以形式化的方式保存下来正义的符号，也是法律生命延续的重要方式。

　　当代中国在法治建设的大背景下，经历了近 30 年的司法改革，可以肯定的是法治的物质环境建设已经取得了丰富的成果，虽然在这个过程中伴随着迂回、坎坷的路程，但是与此相对应法治精神环境的建设成果却并不明显。人们很难对司法解决纠纷这种手段寄予强大的信心，或者说有时是一种不得已而为之的下策。于是在法学的学者之间、实践工作者及相关机构都开始反思中国司法改革之路究竟在哪里？又回到了司法改革最初争论的问题，即究竟司法是职业化，还是大众化？争论这个问题的双方，针锋相对，纷纷著书立说。其中在学者之间普遍达成了职业化的共识，而在实践部门的工作人员却是大众化的倡导者，难道这种争议是学术研究与司法实践之间的脱节所造成的？显然答案是否定的，而造成分歧的原因又在哪里呢？

反思之前的司法改革，毫无疑问是在走司法职业化的道路，但是没有建立起司法的权威和司法的公信力，甚至司法腐败的大案要案也频繁发生，所以最近才有司法应回归大众化的呼声。笔者认为，司法的职业化之路不是走到了尽头，而是在路上遇到了阻碍。司法改革的成果固然应该肯定，但更应该看到的是在司法职业化的制度、文化、心理等方面的建设还存在应完善之处，或者说是一些根本制约职业化的石头还没被挪走，阻碍了前进的脚步。比如，司法机构仍然运行行政化的管理体制、法官的职务、身份等保障措施贫乏、审判公开、独立原则很难有效实施、当事人的诉讼权利和诉讼地位难以对等、证人出庭率很低等问题。这些问题都要依赖于司法职业化的继续推进，才可能在未来得到解决。而现在放弃已有的改革成果，而选择司法大众化的道路，其风险之大可想而知。更何况这条路在今天看来还不能说是完全正确和毫无争议的"康庄大道"。由于中国处在社会的转型时期，需要法律手段解决的冲突、矛盾和纠纷呈现大幅上升的趋势，因此对司法的期望值也会升高，而现阶段的司法制度的不健全、文化观念的落后、心理因素的复杂都会造成个案的不公正、司法工作人员的腐败等问题。而任何制度的建立并非一蹴而就，无论是法治的建设还是司法职业化的改革都将是一个长期的过程。

在认识论上，司法仪式的制度化与司法的职业化紧密相连，它是司法职业化的必然结果。已有的庭审仪式化的改革已经取得了一定成绩,但是还缺乏从整体上进行制度化的构建,已有的改革成果还需要进一步深入。但是司法仪式的改革是必须继续进行,它是构建法治社会重要的形式化载体,是今后司法改革应该关注的问题。现在可以看见,国徽下法官在开庭审理案件时穿着法官袍,敲着法槌维持秩序,审判席上当事人各就其位,这些变化不仅仅是衣着和设施等简单司法符号化,更是司法功能和司法理念的深刻变化,对形成现代意义的法律观念和心理具有重要的价值和意义。

参考文献

一 普通图书

1. ［英］阿兰·巴纳德：《人类学历史与理论》，王建民、刘源、许丹译，华夏出版社2006年版。

2. ［法］爱弥尔·涂尔干：《宗教生活的基本形式》，渠东、汲喆译，上海人民出版社1999年版。

3. ［美］昂格尔：《现代社会中的法律》，吴玉章、周汉华译，译林出版社2001年版。

4. 陈桂明：《程序理念与程序规则》，中国法制出版社1999年版。

5. 陈朴生：《刑事证据法》，台湾三民书局1979年版。

6. 陈瑞华：《问题与主义之间——刑事诉讼基本问题研究》，中国人民大学出版社2003年版。

7. ［日］川岛武宜：《现代化与法》，申政武等译，中国政法大学出版社2004年版。

8. ［美］丹尼尔·贝尔：《资本主义文化矛盾》，严蓓雯译，生活·读书·新知三联书店1989年版。

9. ［英］丹宁勋爵：《法律的界碑》，刘庸安、李克强、杨百揆译，法律出版社1999年版。

10. ［英］丹宁勋爵：《法律的正当程序》，李克强、杨百揆、刘庸安译，法律出版社1999年版。

11. 邓正来：《中国法学向何处去》，商务印书馆2006年版。

12. ［美］E. A. 霍贝尔：《初民的法律——法的动态比较研究》，周勇译，中国社会科学出版社1993年版。

13. ［美］E. 博登海默：《法理学——法律哲学与法律方法》，邓正来译，中国政法大学出版社1999年版。

14. ［德］恩斯特·卡西尔：《人伦》，甘阳译，上海译文出版社2008年版。

15. 范忠信：《中国传统法律的基本精神》，山东人民出版社2001年版。

16. ［英］菲奥纳·鲍伊：《宗教人类学导论》，金泽、何其敏译，中国人民大学出版社2004年版。

17. 费孝通：《乡土中国》，上海人民出版社2006年版。

18. ［美］弗里德曼：《法律制度——从社会科学角度观》，李琼英、林欣译，中国政法大学出版社1994年版。

19. ［日］谷口安平：《程序的正义与诉讼》，王亚新、刘荣军译，中国政法大学出版社2002年版。

20. 顾希佳：《礼仪与中国文化》，人民出版社2001年版。

21. 郭星华、陆益龙等：《法律与社会》，中国人民大学出版社2004年版。

22. 郭于华：《仪式与社会变迁》，社会科学文献出版社2000年版。

23. 〔美〕哈罗德·伯尔曼:《法律与革命——西方法律传统的形成》,贺卫方、高鸿钧、张志铭、夏勇译,法律出版社2008年版。

24. 〔美〕哈罗德·伯尔曼:《法律与宗教》,梁治平译,中国政法大学出版社2003年版。

25. 〔英〕哈耶克:《自由秩序原理》,邓正来译,生活·读书·新知三联书店1997年版。

26. 〔美〕汉密尔顿等:《联邦党人文集》,程逢如等译,商务印书馆1980年版。

27. 贺卫方:《法边馀墨》,法律出版社2003年版。

28. 贺卫方:《司法的理念和制度》,中国政法大学出版社1998年版。

29. 〔英〕亨利·萨姆奈·梅因:《古代法》(上,下),高敏、瞿慧虹译,九州出版社2007年版。

30. 黄鸣鹤:《法庭的故事》,团结出版社2006年版。

31. 黄文艺:《当代中国法律发展研究》,吉林大学出版社2000年版。

32. 黄竹胜:《司法权新探》,广西师范大学出版社2003年版。

33. 季卫东:《法治秩序的建构》,中国政法大学出版社1999年版。

34. 瞿同祖:《中国法律与中国社会》,中华书局1981年版。

35. 〔美〕卡多佐:《司法过程的性质》,苏力译,商务印书馆1998年版。

36. 〔美〕克利福德·格尔茨:《地方性知识——阐释人类学

论文集》，王海龙、张家瑄译，中央编译出版社 2000 年版。

37. ［美］克利福德·格尔茨：《文化的解释》，韩莉译，译林出版社 1999 年版。

38. ［英］拉德克里夫·布朗：《社会人类学方法》，夏建中译，华夏出版社 2002 年版。

39. ［法］勒内·达维德：《当代主要法律体系》，漆竹生译，上海译文出版社 1984 年版。

40. 李学灯：《证据法比较研究》，台湾五南图书出版公司 1998 年版。

41. 李幼蒸：《理论符号学导论》，中国人民大学出版社 2007 年版。

42. 梁漱溟：《东西文化及其哲学》，上海人民出版社 2006 年版。

43. 梁漱溟：《中国文化要义》，上海世纪出版集团 2005 年版。

44. 梁治平：《法律解释问题》，法律出版社 1998 年版。

45. 梁治平：《寻求自然秩序中的和谐》，中国政法大学出版社 2002 年版。

46. 廖奕：《司法均衡论——法理本体与中国实践的双重建构》，武汉大学出版社 2008 年版。

47. 刘旺洪：《法律意识论》，法律出版社 2001 年版。

48. 龙宗智：《刑事庭审制度研究》，中国政法大学出版社 2001 年版。

49. 吕世伦等：《法的真善美——法美学初探》，法律出版社 2004 年版。

50. ［法］罗兰·巴尔特:《符号帝国》,张乃修译,商务印书馆 1994 年版。

51. ［法］罗兰·巴尔特:《符号学原理》,李幼蒸译,中国人民大学出版社 2008 年版。

52. ［法］罗兰·巴特:《流行体系——符号学与服饰符码》,敖军译,上海人民出版社 2000 年版。

53. ［英］罗杰·科特威尔:《法律社会学导论》,潘大松等译,华夏出版社 1989 年版。

54. ［法］洛克:《政府论》,叶启芳等译,商务印书馆 2005 年版。

55. ［德］马克斯·韦伯:《论经济与社会中的法律》,张乃根译,中国大百科全书出版社 1988 年版。

56. ［德］马克斯·韦伯:《法律社会学》,康乐、简惠美译,广西师范大学出版社 2005 年版。

57. ［法］马塞尔·莫斯:《人类学与社会学五讲》,林宗锦译,广西师范大学出版社 2008 年版。

58. 《马克思恩格斯选集》(第 1 卷),人民出版社 1956 年版。

59. ［法］孟德斯鸠:《论法的精神》,张雁深译,商务印书馆 1993 年版。

60. ［法］米歇尔·福柯:《必须保卫社会》,钱翰译,上海人民出版社 1999 年版。

61. ［法］米歇尔·福柯:《规训与惩罚》,刘北成、杨远婴译,生活·读书·新知三联书店 2007 年版。

62. ［美］米尔伊安·R.达玛什卡:《司法和国家权力的多种面孔——比较视野中的法律程序》,郑戈译,中国政法大学出版社 2004 年版。

63. ［美］诺内特、塞尔兹尼克：《转变中的法律与社会——迈向回应型法》，张志铭译，中国政法大学出版社 2004 年版。

64. 彭兆荣：《人类学仪式的理论与实践》，民族出版社 2007 年版。

65. ［日］棚濑孝雄：《纠纷的解决与审判制度》，王亚新译，中国政法大学出版社 2004 年版。

66. ［美］R. 沃斯诺尔等：《文化分析》，李卫民等译，上海人民出版社 1990 年版。

67. ［美］斯皮罗：《文化与人性》，徐俊等译，社会科学文献出版社 1999 年版。

68. ［美］斯滕·哈里斯：《建筑的伦理功能》，申嘉、陈朝晖译，华夏出版社 2001 年版。

69. 宋冰：《程序、正义与现代化——外国法学家在华演讲录》，中国政法大学出版社 1998 年版。

70. 苏力：《法治及其本土资源》，中国政法大学出版社 2004 年版。

71. 苏力：《送法下乡——中国基层司法制度研究》，中国政法大学出版社 2000 年版。

72. ［法］泰格、利维：《法律与资本主义的兴起》，纪琨译，学林出版社 1996 年版。

73. ［美］唐纳德·布莱尔：《法律的运作行为》，唐越、苏力译，中国政法大学出版社 2004 年版。

74. ［法］托克威尔：《论美国的民主》（上，下），董果良译，商务印书馆 1993 年版。

75. 汪习根：《司法权论——当代中国司法权运行的目标模式、方法与技巧》，武汉大学出版社2006年版。

76. 王利明：《司法改革研究》，法律出版社2000年版。

77. 王铭铭：《社会人类学与中国研究》，广西师范大学出版社2005年版。

78. 王铭铭、潘忠党：《象征与社会——中国民间文化的探讨》，天津人民出版社1997年版。

79. 王铭铭、王斯福：《乡土社会的秩序、公正和权威》，中国政法大学出版社1997年版。

80. ［英］韦恩·莫里森：《法理学——从古希腊到后现代》，李桂林等译，武汉大学出版社2003年版。

81. ［英］维克多·特纳：《戏剧、场景及隐喻——人类社会的象征行为》，民族出版社2007年版。

82. ［英］维克多·特纳：《象征之林——恩登布人仪式散论》，赵玉燕、欧阳敏、徐洪峰译，商务印书馆2006年版。

83. 吴晓群：《古代希腊仪式文化研究》，上海科学院出版社2000年版。

84. ［日］小岛武司：《司法制度的历史与未来》，汪祖兴译，法律出版社2000年版。

85. 谢晖：《法律的意义追问——诠释学视野中的法哲学》，商务印书馆2003年版。

86. 徐昕：《迈向社会和谐的纠纷解决》，中国检察出版社2007年版。

87. 许章润等：《法律信仰——中国语境及其意义》，广西师范大学出版社2003年版。

88. 杨志刚：《中国礼仪制度研究》，华东师范大学出版社 2001 年版。

89. 姚建宗：《法治的生态环境》，山东人民出版社 2003 年版。

90. ［美］约翰·罗尔斯：《正义论》，何怀宏等译，中国社会科学出版社 1988 年版。

91. ［英］约瑟夫·拉兹：《法律的权威——法律与道德论文集》，朱峰译，法律出版社 2005 年版。

92. 张文显：《二十世纪西方法哲学思潮研究》，法律出版社 1996 年版。

93. 张文显：《法哲学范畴研究》，中国政法大学出版社 2001 年版。

94. 张文显：《马克思主义法理学——理论、方法和前沿》，高等教育出版社 2003 年版。

95. 张文显等：《法律职业共同体研究》，法律出版社 2003 年版。

96. 张文显等：《司法改革报告——法律职业共同体研究》，法律出版社 2003 年版。

97. 张永和：《信仰与权威——诅咒、发誓与法律之比较研究》，法律出版社 2006 年版。

98. 张中秋：《中西法律文化比较研究》，中国政法大学出版社 2006 年版。

99. 郑成良：《法律之内的正义》，法律出版社 2002 年版。

100. Charles M. Yablon, Judicial Drag: An essay on wigs, robes and legal change. Wisconsin Law Review No. 2, 1995.

101. R. J. Schoeck. Reviewed Works: A History of Legal Dress in Europe until the End of the Eighteenth Century by W. N. HarQreaves-Mawdsley. Speculum. Vol. 39, 1964.

102. Schuyler Cammann, Origins of the Court and Oficial Robes of the Ching Dynasty. Artibus Asiae, Vol. 12, 1949.

103. W. N. Hargreaves-Mawdsley, A History of Legal Dress in Europe until the End of the Eighteenth Century. Oxford. England: Clarendon Press, 1963.

二　学位论文

1. 莫菲:《仪式与法:证人宣誓制度的法理学阐释》,硕士学位论文,吉林大学,2008年。

2. 孙长春:《司法权威的制度建构——以我国法院审判为视角》,博士学位论文,吉林大学,2006年。

3. 王晋:《司法剧场化初论》,硕士学位论文,兰州大学,2006年。

4. 曾令健:《法人类学视野中的纠纷解决仪式:一个象征主义的分析》,硕士学位论文,西南政法大学,2009年。

三　期刊中析出的文献

1. 巢志雄:《司法仪式的结构与功能》,《司法》2008年第3期。

2. 陈瑞华:《司法权的性质——以刑事司法为规范的分析》,《法学研究》2000年第5期。

3. 方乐:《司法的场域分析?——以1997年的一次学术论

战为背景的展开》,《法律科学》2006年第1期。

4. 高丙中:《民间的仪式与国家的在场》,《社会学研究》2001年第1期。

5. 公丕祥:《当代中国司法改革的时代进程》,《法制资讯》2009年第2期。

6. 公丕祥:《全球化背景下的中国司法改革》,《法律科学》2004年第1期。

7. 何勤华:《法律信仰是现代中国人的创造》,《河南政法管理干部学院学报》2004年第5期。

8. 贺卫方:《法官的法袍代表了什么》(上,下),《中国律师》2002年第1、2期。

9. 贺卫方:《中国法院改革与司法独立——一个参与者的观察与反思》,《浙江社会科学》2003年第2期。

10. 李棽:《法官庭审语言之评析》,《河南省政法管理干部学院学报》2007年第5期。

11. 李亦园:《新兴宗教与传统仪式——一个人类学的考察》,《思想战线》1997年第3期。

12. 李拥军、易玉:《司法仪式与法律信仰主义文化的建构》,《江苏行政学院学报》2004年第6期。

13. 李忠书:《法律的宗教性及其缺失对法律信仰的影响》,《求索》2004年第7期。

14. 刘金国、周静:《论司法公正——法官的行为哲学》,《政法论坛》1999年第5期。

15. 刘燕:《案件事实,还是叙述式修辞》,《法制与社会发展》2007年第3期。

16. 龙宗智：《检察官该不该起立——对庭审仪式的一种思考》，《法学》1997年第3期。

17. 马建华：《职业化的法官与法官职业化》，《法律适用》2003年第12期。

18. 马敏：《仪式与剧场的互移——对现代中国大众政治行为的解读》，《甘肃理论学刊》2004年第4期。

19. 彭兆荣：《人类仪式研究评述》，《民族研究》2002年第2期。

20. 任先行：《从法官穿法袍所引起的几点思考》，《甘肃政法学院学报》2003年第8期。

21. 舒国滢：《从司法的广场化到司法的剧场化——一个符号学的视角》，《政法论丛》1999年第3期。

22. 宋波、陈兴生：《论证人宣誓与信仰》，《国家检察官学院学报》2003年第1期。

23. 苏力：《福柯的刑罚史研究及对法学的贡献》，《比较法研究》1993年第2期。

24. 孙长永、纪虎：《宗教化的法律仪式——证人宣誓本源意义初探》，《学术研究》2004年第6期。

25. 孙祥生：《论礼的起源及其转型——一种法文化学的视角》，《社会科学辑刊》2005年第6期。

26. 孙笑侠：《司法权的本质是判断权——司法权与行政权的十大区别》，《法学》1998年第8期。

27. 汪习根、廖奕：《论法治社会的法律统一》，《法制与社会发展》2004年第5期。

28. 徐显明：《司法改革二十题》，《法学》1999年第9期。

29. 徐昕：《法官为什么不相信证人？——证人在转型中国司法过程中的作用》，《中外法学》2006年第3期。

30. 薛艺兵：《仪式现象的人类学解释》（上，下），《民族学人类学研究》2003年第2、3期。

31. 姚建宗：《法治：符号、仪式及其意义》，《河南省政法管理干部学院学报》2002年第2期。

32. 易军：《诉讼仪式的象征符号》，《国家检察官学院学报》2008年第3期。

33. 俞静尧：《司法独立结构分析与司法改革》，《法学研究》2004年第3期。

34. 曾令健：《纠纷解决仪式的象征之维》，《社会学研究》2008年第4期。

35. 张冠梓：《法人类学的理论、方法及其流变》，《国外社会科学》2003年第5期。

36. 张吉喜：《证人宣誓的文化人类学解读》，《政法论丛》2004年第5期。

37. 张薇薇：《法袍与法文化》，《法律科学》2000年第5期。

38. 张文显：《人民法院司法改革的基本理论与实践进程》，《法制与社会发展》2009年第3期。

39. 赵旭东：《习俗、权威与纠纷解决的场域》，《社会学研究》2001年第2期。

40. 甄贞：《刑事证人出庭作证程序设计与论证》，《法学家》2000年第2期。

41. ［日］滋贺秀三：《中国法文化的考察——以诉讼的形态为素材》，《比较法研究》1988年第3期。

四　报纸中析出文献

1. 刘岚：《法槌诞生记》,《人民法院报》2002年6月3日第1版。

2. 强世功：《司法的仪式和法官的尊严》,《法制日报》2000年4月第23期。

3. 舒乙、贺卫方、周振想等：《法槌：秩序震撼权威》,《人民日报》2002年6月5日第12版。

4. 徐显明：《司法权的性质——由〈法院工作规律研究〉谈起》,《人民法院报》2003年6月23日第12版。

五　电子文献

1. 陈永辉：《最高法院发布二五改革纲要》,中国法院网（http://www.chinacourt.org/public/detail.php?id=182741）。

2. 贺卫方：《中国司法管理制度的两个问题》,中国民商法网（http://www.civillaw.com.cn/article/default.asp?id=9374）。

3. 林淼：《法官服的变化：我国法制建设历程的见证》,中国法院网（http://www.chinacourt.org/html/article/200812/29/337712.shtml）。